Die Highlights auf einen Blick

Die Zahlen auf den roten Punkten beziehen sich auf die Seiten im Buch.

- 8 Alexanderplatz
- 10 Berliner Dom
- 12 Brandenburger Tor
- 14 Checkpoint Charlie
- 16 Dorotheenstädtischer Friedhof
- 18 East-Side-Gallery
- 20 Fernsehturm
- 22 Friedrichstraße
- 24 Friedrichswerder
- 26 Gärten der Welt
- 28 Gedächtniskirche
- 30 Gedenkstätte Berliner Mauer
- 32 Gendarmenmarkt
- 34 Hackescher Markt
- 38 Hauptbahnhof
- 40 Holocaust-Mahnmal
- 42 Jüdisches Museum
- 44 KaDeWe
- 46 Karl-Marx-Allee
- 48 Kollwitzplatz
- 50 Kulturforum
- 54 Kurfürstendamm
- 58 Marienkirche
- 60 Museumsinsel
- 64 Museumszentrum Dahlem
- 66 Neue Synagoge
- 68 Nikolaiviertel
- 70 Oberbaumbrücke
- 72 Olympiastadion
- 74 Pariser Platz
- 76 Pfaueninsel
- 78 Potsdam
- 82 Potsdamer Platz
- 86 Regierungsviertel
- 90 Reichstagsgebäude
- 92 Schloss Bellevue
- 94 Schloss Charlottenburg
- 98 Schloss Köpenick
- 100 Siegessäule
- 102 Tempelhofer Flugfeld
- 104 Tiergarten
- 108 Unter den Linden
- 112 Wilhelmstraße
- 114 Zitadelle Spandau
- 116 Zoologischer Garten

Clemens Beeck
Günter Schneider (Fotos)

Highlights in Berlin

Der praktische Begleiter für
Entdeckungstouren durch die Stadt

Jaron Verlag

Dieses Buch ist in den folgenden Sprachen lieferbar:
Deutsch/Englisch/Französisch/Italienisch/Spanisch/Russisch

Abbildungen
Vordere Umschlagseite: Brandenburger Tor
Seite 2: In der Kuppel des Reichstagsgebäudes
Seite 6: Gedächtniskirche mit Europacenter
Seite 127: Neptunbrunnen vor Fernsehturm
Hintere Umschlagseite (von links oben): Reichstagsgebäude, Türme am Potsdamer Platz, Bismarck-Denkmal und Siegessäule am Großen Stern, Weltzeituhr am Alexanderplatz, Neue Nationalgalerie, Deutsches Historisches Museum

Neuausgabe
1. Auflage dieser Ausgabe 2013

www.jaron-verlag.de
Karte (Seite 1): Matthias Frach, Berlin
Liniennetzplan (Seite 128): Berliner Verkehrsbetriebe
Umschlaggestaltung: Bauer + Möhring, Berlin, unter Verwendung von Fotos von Günter Schneider
Satz und Layout: Prill Partners | producing, Berlin/Barcelona
Lithographie: Bild1Druck GmbH, Berlin
Druck und Bindung: Offizin Andersen Nexö Leipzig GmbH, Zwenkau

ISBN 978-3-89773-682-5
ISBN 978-3-89773-683-2 (5 Exemplare)

Berlins Highlights von Alex bis Zoo

Keine Hauptstadt in Europa ist so „jung" wie Berlin. Ein Vierteljahrhundert nach dem Ende der Teilung zeigt sich die Millionenstadt selbstbewusst und bunt mit einem völlig neu gestalteten Zentrum. Die einstige Mauerstadt ist nunmehr eine vibrierende Metropole, die so beliebt ist wie nie zuvor. Neugierige aus aller Welt zieht es an die Spree.

Wer nach Berlin reist, wird nicht enttäuscht. Die Dynamik, mit der sich die deutsche Hauptstadt noch immer wandelt, ist beeindruckend. Sie hat Mut zur Moderne, ohne ihre Identität preiszugeben. Und in der Welt eilt Berlin der Ruf voraus, liberal und offen zu sein.

Die Fülle der Attraktionen ist schier unüberschaubar geworden. Sie reicht von der höfisch-historischen Architektur Unter den Linden bis zu spektakulären Neubauten wie dem Jüdischen Museum oder dem Kanzleramt im Regierungsviertel; von den Kunstschätzen der weltweit einzigartigen Museumsinsel bis zum facettenreichen Kulturforum mit seinen glänzenden Tempeln der Moderne; von den quirlig-trendigen Stadtvierteln Mitte und Prenzlauer Berg bis zur geschäftigen City-West; von belebten Einkaufsmeilen wie der Friedrichstraße bis zu beschaulichen Hinterhöfen.

Damit Ihr Besuch in Berlin zu einem vielseitigen und dennoch entspannten Erlebnis werden kann, erklärt dieser besondere Stadtführer schnell und informativ, wo man die Highlights der deutschen Hauptstadt findet. Ein kurzer Text erzählt alles Wissenswerte über die einzelnen Sehenswürdigkeiten. Zahlreiche brillante Fotos geben Ihnen einen hervorragenden Eindruck vom besonderen Charme der Spreemetropole. Adressen, Öffnungszeiten und Hinweise zu Anfahrtswegen, ein informativer Serviceteil, ein Stadt- und ein Liniennetzplan sowie zwei Register erleichtern die gründliche Planung Ihrer Entdeckungsreise durch Berlin.

BZ
RA-MICRO
Fitness First

Das Buch zeigt beispielhaft die aufregende Mischung aus Alt und Neu, die Berlin ausmacht. Das neue Stadtviertel am Potsdamer Platz ist ebenso typisch für diese Stadt wie die vielfältigen Zeugnisse der wechselvollen Geschichte. Berlin ist voller Orte, denen der Gang der deutschen Historie deutlich abzulesen ist. Das gilt für das Brandenburger Tor – ein ehemaliges Stadttor, welches zum Symbol der Deutschen Einheit wurde – wie für jene einzigartigen Bauwerke aus friderizianischer Zeit, die das Bemühen Preußens um Wissenschaft und Kultur widerspiegeln, und die zahlreichen Schlösser in Berlin und in der preußischen Residenzstadt Potsdam, in der Friedrich der Große mit dem Schlosspark Sanssouci ein Meisterwerk der Weltkultur initiierte.

Im Stadtbild zu finden sind aber auch die Spuren der 40-jährigen Teilung. Reste der Berliner Mauer etwa – als mahnende Gedenkstätte, als bunte Leinwand für Phantasien und Sehnsüchte oder als rekonstruierter Grenzposten am Checkpoint Charlie. Es sind Relikte eines traurigen Kapitels, die umso wertvoller werden, je mehr Menschen nachwachsen, die keine persönliche Erinnerung mehr haben an die Zeit der Spaltung.

Berlin ist jedoch auch ein Mekka für Nachtschwärmer und Vergnügungssuchende. Unablässig strömen die Gehweg-Sternchen und die nimmermüden Flaneure in die Bars und Straßencafés. Sie treffen sich in den beliebten Ecken von Prenzlauer Berg, Kreuzberg und Mitte, zum Beispiel am Hackeschen Markt, einem Fixstern des Berliner Nachtlebens. Oder sie besuchen die inzwischen schon etablierten Nischen der alternativen Unterhaltung wie die Kulturbrauerei. Und wer des Trubels müde ist, kann sich an malerischen Orten wie der Pfaueninsel erholen oder in der zentralen Großstadt-Oase, dem Tiergarten.

Abwechslungsreiche Vielfalt ist das Markenzeichen Berlins. Damit Ihnen keine der schönsten, bekanntesten oder aufregendsten Punkte der Stadt entgehen, haben wir dieses Buch geschaffen. Möge es Ihnen dabei helfen, eine der spannendsten Städte der Welt für sich zu entdecken!

Alexanderplatz

Der Alexanderplatz ist zentraler Verkehrsknotenpunkt und deshalb viel bevölkert. Die kuriose **Weltzeituhr**, 1969 errichtet, dient als beliebter Treffpunkt bei Verabredungen. Sogar zu literarischem Ruhm hat es der Ort gebracht: Alfred Döblin verewigte in seinem Roman „Berlin Alexanderplatz" (1929) den Platz als Bühne der kleinen Leute. Trotz des schillernden Namens ist das Erscheinungsbild eher dürftig. Nach Krieg und Wiederaufbau blieb nur eine unwirtliche Betonwüste. Als der Alexanderplatz von 1966 bis 1972 zum Zentrum der „Hauptstadt der DDR" ausgebaut wurde und an seinem Rand der → **Fernsehturm** entstand, verlor er jegliches menschliche Maß.
Allmählich wird aus der Kulisse totalitärer Architektur wieder ein urbaner Ort. Besonders sehenswert ist das Kaufhaus **Galeria Kaufhof**. Einst als „Centrum Warenhaus" das größte Warenhaus der DDR, wurde es von Architekt Josef Paul Kleihues 2004–06 umgebaut und mit dem eindruckvollsten Lichthof in Berlin versehen. Vor dem Eingang nutzen viele Passanten den **Brunnen der Völkerfreundschaft** (1969) zur Verschnaufpause.
Großzügig gestaltet ist auch Berlins größtes Shoppingzentrum **Alexa** an der Alexanderstraße. Die phantasievoll geschmückte Passage zitiert Stilelemente des Art déco. Die ältesten Häuser am Platz, das **Alexander-** und das **Berolinahaus** von Peter Behrens, stammen aus den Jahren 1929–32 und sind Zeugnisse der frühen Moderne.

▷ S- und U-Bhf. Alexanderplatz

Östliches Zentrum der Metropole: Alexanderplatz mit Hotelturm

Zeigt seit nahezu einem halben Jahrhundert die Zeitzonen der Erde: Die Weltzeituhr

Eines der attraktivsten Shopping-Zentren Berlins: Das Alexa

Altes Kaufhaus in neuem Gewand: Galeria Kaufhof mit Brunnen der Völkerfreundschaft

(Im Uhrzeigersinn von links oben)

Berliner Dom

Ein Muss für Liebhaber von Gotteshäusern ist der Berliner Dom, die größte protestantische Kirche Deutschlands. 1894–1905 wurde der Dom am Rande der → **Museumsinsel** nach Plänen von Julius Raschdorff als Hauptkirche des preußischen Protestantismus und als Hofkirche der herrschenden Hohenzollern errichtet. Der reichgeschmückte Bau aus schlesischem Granit war einst mit Kuppelkreuz 114 Meter hoch. Nach schweren Kriegsschäden geriet der Wiederaufbau bescheidener. Die Kuppeldächer wurden vereinfacht gestaltet, mit Kreuz ragt die Hauptkuppel nur noch 98 Meter in die Höhe. Die Denkmalskirche an der Nordseite wurde beseitigt.

Seit der Wiedereinweihung am 6. Juni 1993 überrascht der Dom mit seiner prunkvollen Innengestaltung, die eher an katholische Kirchen erinnert. Zugänglich ist auch die Hohenzollerngruft mit knapp 100 erhaltenen Särgen. Einige sehenswerte Prunksarkophage – wie die des Großen Kurfürsten und der Kurfürstin Dorothea – stehen im Kirchenraum.

Der **Lustgarten** vor dem Dom hat seine Gestalt im Laufe von vier Jahrhunderten wiederholt verändert. Die jetzige Gestaltung geht auf Pläne von Karl Friedrich Schinkel aus den Jahren 1828–32 zurück, der Brunnen ist zeitgenössisch. Die Grünanlage gehörte einst zum Areal des **Berliner Stadtschlosses**, dessen Fassade neben dem Dom wiederersteht.

Am Lustgarten
Mo–Sa 9–20 Uhr, So 12–20 Uhr
Tel. 20 26 91 64; www.berlinerdom.de

▷ S-Bhf. Hackescher Markt, Bus 100, 200

Preußens Glanz: Berliner Dom mit Schlossbrücke von Schinkel

Wilhelminische Pracht: Der aufwendig restaurierte Kirchensaal

Von der Domkuppel aus betrachtet: Der Lustgarten

Animiert im Sommer zur Abkühlung: Die Fontäne im Lustgarten

(Im Uhrzeigersinn von oben)

Brandenburger Tor

Über 220 Jahre alt ist Berlins berühmtestes Wahrzeichen: das Brandenburger Tor. Bis 1989 Sinnbild für die Teilung Berlins und Deutschlands, ist es heute das nationale Symbol für die Einheit. Das vergleichsweise schlichte Bauwerk ist das einzige erhaltene Stadttor Berlins. Es führt aus der historischen Innenstadt hinaus in den → **Tiergarten**. Von Carl Gotthard Langhans 1789–91 nach dem Vorbild der Propyläen in Athen erbaut, ist es das erste bedeutende Werk des antikisierenden Klassizismus in Berlin. Der Architekturstil wurde so bestimmend, dass die Stadt den Beinamen „Spree-Athen" erhielt. Die Fassade aus Elbsandstein war ursprünglich weiß gestrichen. Der Schmuck der Fassade stammt von Johann Gottfried Schadow, der auch die sechs Meter hohe Quadriga entworfen hat. Die Friedensgöttin auf dem zweirädrigen Wagen erhielt nach dem Sieg Preußens und seiner Verbündeten über Napoleon 1814 das Eiserne Kreuz, entworfen von Karl Friedrich Schinkel, und wurde so zur Siegesgöttin. Im Zweiten Weltkrieg wurde das Brandenburger Tor schwer beschädigt, die Quadriga total zerstört. 1956 wurde das Bauwerk rekonstruiert, die Quadriga wurde nach einem Abguss des Originals 1958 neu aufgestellt.
Nach dem Beginn des Mauerbaus am 13. August 1961 war das Brandenburger Tor am → **Pariser Platz** für „Normalsterbliche" unerreichbar: Es stand allein und isoliert im Niemandsland der DDR-Grenze. Erst am 22. Dezember 1989 wurde unter großem Medieninteresse am Tor ein Mauerdurchbruch geschaffen, der Ost und West wieder verband.

▷ S- und U-Bhf. Brandenburger Tor

Sie krönt das bekannteste Berliner Tor: Die Quadriga mit der Göttin Viktoria

Symbol der Deutschen Einheit: Das Brandenburger Tor

Alte Krieger: Nachgestellte Weltgeschichte vor weltberühmtem Wahrzeichen

1789–91 als westliches Stadttor erbaut: Meisterwerk des Klassizismus

(Im Uhrzeigersinn von links oben)

Checkpoint Charlie

Ein Vierteljahrhundert nach dem Fall der Berliner Mauer am 9. November 1989 gehört der frühere Grenzübergang Checkpoint Charlie in der → **Friedrichstraße** zu den wichtigsten Orten, die an die Teilung Berlins erinnern. Die Kontrollstelle zwischen den einstigen Sektoren der USA (Kreuzberg) und der Sowjetunion (Mitte) war ein Brennpunkt des Kalten Krieges. Nach dem Bau der Mauer ab dem 13. August 1961 eskalierte hier der Konflikt zur Kriegsgefahr, als sich im Oktober 1961 gefechtsbereite Panzer der beiden Supermächte gegenüberstanden. An die hochbrisante Situation erinnert eine Holzbaracke mit Sandsäcken, ein 2001 nachgebauter Posten der US-Armee.
Original ist das weiße Warnschild mit dem Hinweis „Sie verlassen den amerikanischen Sektor". Auf großflächigen Schautafeln wird die Geschichte des Ortes und der Mauer erläutert. Pflastersteine im Straßenbelag markieren den einstigen Grenzverlauf. Das kommerzielle **Haus am Checkpoint Charlie** dokumentiert ausführlich die Themen Teilung und Flucht.
Zwei Blöcke vom Checkpoint entfernt, erinnert in der Zimmerstraße (Richtung Osten) eine Säule an den 18-jährigen Peter Fechter, der 1962 bei seinem Fluchtversuch von DDR-Grenzposten tödlich verwundet wurde.

Haus am Checkpoint Charlie
Friedrichstraße 43–45
tgl. 9–22 Uhr
Tel. 253 72 50; www.mauermuseum.de

▷ U-Bhf. Kochstraße

Beliebt bei den Touristen aus aller Welt: Museum am historischen Grenzübergang

Dokumentiert die Teilung Berlins: Das Haus am Checkpoint Charlie

Brennpunkt des Kalten Krieges: Nachgebauter Wachposten der US-Armee

Open-Air-Ausstellung: Informationen über die schicksalhaften Jahre der Teilung in Ost und West

(Im Uhrzeigersinn von links oben)

AUS AM CHECKPOINT CHARLIE
MAUERSHOP IM

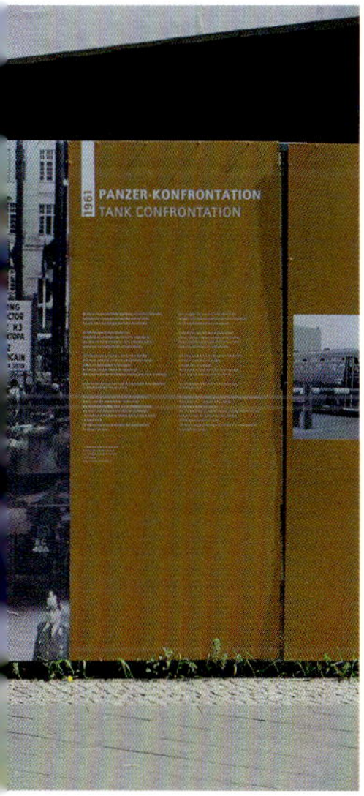
PANZER-KONFRONTATION
TANK CONFRONTATION

U.S. ARMY CHECKPOINT
YOU ARE LEAVING
THE AMERICAN SECTOR
ВЫ ВЫЕЗЖАЕТЕ ИЗ
АМЕРИКАНСКОГО СЕКТОРА
VOUS SORTEZ
DU SECTEUR AMERICAIN

Dorotheenstädtischer Friedhof

Jede Großstadt hat ihren Friedhof für ihre berühmten Töchter und Söhne. In Berlin lesen sich die Grabsteine und Gedenktafeln auf dem Dorotheenstädtischen Friedhof an der Chausseestraße wie das „Who is Who" der geistigen Elite Deutschlands.

Auf dem 1762 angelegten und bis 1826 mehrmals vergrößerten Friedhof wurden z. B. die Philosophen Georg Wilhelm Friedrich Hegel und Johann Gottlieb Fichte begraben, die Schriftsteller Heinrich Mann, Bertolt Brecht, Johannes R. Becher, Arnold Zweig, Anna Seghers und Christa Wolf, der Dramatiker Heiner Müller, die Baumeister Friedrich August Stüler und Karl Friedrich Schinkel, der Künstler John Heartfield, die Schauspielerin Helene Weigel und der Buchdrucker Ernst Theodor Litfaß. Auch Bundespräsident Johannes Rau fand hier seine letzte Ruhe.

Beim Spaziergang über den Friedhof sind zudem unzählige künstlerische Bildhauerarbeiten zu bewundern. Das älteste klassizistische Grabmal ist aus dem Jahre 1807 und wurde für den Fabrikanten Jacob Fröhlich geschaffen. Die Büste für den Industriellen August Borsig stammt von Christian Daniel Rauch.

Am Eingang zum Friedhof befindet sich das **Brecht-Haus**.

Chausseestraße 126
tgl. 8 Uhr bis zur Dämmerung

Brecht-Weigel-Gedenkstätte
Chausseestraße 125
Besichtigung nur mit Führung
Tel. 200 57 18 44; www.adk.de

▷ U-Bhf. Oranienburger Tor

Eindrucksvoll: Ruhestätte der Unternehmerfamilie Hoffmann

Schlicht: Grabstele für den Dramatiker Heiner Müller

Kunstvoll: Grabstein für den berühmten Baumeister Karl Friedrich Schinkel

Wohnte gleich neben dem Friedhof: Das Künstlerpaar Brecht-Weigel

(Im Uhrzeigersinn von oben)

VIER·LIEBE·KINDER·DES·KOENIGLICHEN·BAURA
FRIEDRICH·HOFFMANN·U·SEINER·EHEGATTIN·BERTHA
–OFFER·DES·SCHARLACHS–DECKT·DIESES·GR

Bertolt Brecht

CARL FRIEDRICH SCHINKEL
GEBOREN
AM XIII MÄRZ MDCCLXXXI
GESTORBEN
AM IX OCTOBER MDCCCXLI

Heiner
Müller

East-Side-Gallery

Das längste Mahnmal für Frieden und Versöhnung in Berlin ist die East-Side-Gallery. Auf einer Länge von 1,3 Kilometern bemalten zahlreiche Künstler aus aller Welt nach dem Ende der Teilung 1990 die triste Mauer der DDR-Grenze entlang der Mühlenstraße. Die bunte Sammlung politischer und poetischer Wandmalereien ist eine einzigartige Attraktion. Autoabgase und mutwillige Zerstörung setzen der East-Side-Gallery leider kräftig zu. Die unkenntlich gewordenen Motive wurden daher 2009 von den Künstlern weitgehend originalgetreu neu gemalt.
Das spontane Kunstwerk zwischen → **Oberbaumbrücke** und Ostbahnhof steht mittlerweile unter Denkmalschutz. Es zeugt noch heute von den Hoffnungen und der überschwenglichen Freude, die kurz nach dem Mauerfall in Berlin überall zu spüren waren. Kurioserweise steht die einzig erhaltene Mauermalerei auf ehemaligem DDR-Boden – während der Teilung konnte der Betonwall nur auf der Westseite koloriert werden. Auf einem kurzen Abschnitt wurde die einst durchgängige East-Side-Gallery unterbrochen, um einen Zugang zum Flussufer der Spree zu schaffen.
Gleich gegenüber steht Berlins größte Mehrzweckhalle: die **Arena am Ostbahnhof**.

Mühlenstraße zwischen Oberbaumbrücke und Ostbahnhof

▷ S-Bhf. Ostbahnhof, S- und U-Bhf. Warschauer Straße

Ein Traum wurde wahr: Mit dem Trabbi in den Westen

Kunst am laufenden Meter: East-Side-Gallery an der Mühlenstraße

2009 erneuert: Kunstvoll gestaltete Hoffnung auf Frieden

Berlins größte Veranstaltungshalle: Die Arena am Ostbahnhof, auch bekannt als O_2-World

Kunst zum Kaufen: Souvenirshop an der Mauergalerie

(Im Uhrzeigersinn von links oben)

POLITIK IST DIE FORTSETZUNG DES KRIEGES
MIT ANDEREN MITTELN.
Tolerance 1990-2009
www.marymackeyart.com
USA

VENIRS
STORE AT THE
EAST-SIDE GALLERY
ALLIED
CHECKPOINT
CHARLIE
Eingang
Entrance
Pass-
Kontrolle
CAF 1991

amnesty international

O2 World

Fernsehturm

Es ist normal, dass große Städte einen Sendeturm besitzen. Dass die technisch-nüchterne Anlage jedoch im Stadtkern steht, ist eine Berliner Besonderheit. Der 368 Meter hohe Fernsehturm westlich vom → **Alexanderplatz** ist das höchste Bauwerk Berlins und markiert unübersehbar die Mitte der Hauptstadt.
Die Idee für den Riesen hatten die Architekten Henselmann und Streitparth. Das Altstadtviertel zwischen **Schloßplatz** und Alexanderplatz lag nach dem Krieg in Trümmern. Anstelle des kleinteiligen Milieus, nunmehr im kommunistischen Ost-Berlin liegend, wünschte sich die Regierung der DDR ein modernes Zentrum. Der 1965–69 erbaute Turm, mitunter „Protzkeule Ulbrichts" genannt, signalisierte daher auch den politisch-wirtschaftlichen Führungsanspruch der kommunistischen Herrscher.
Noch immer gehört das Bauwerk zu den höchsten Türmen Europas. Heute strömen Besucher aus aller Welt in die siebengeschossige Kugel mit der Aussichtsetage, die sich in 203 Meter Höhe um die eigene Achse dreht, und genießen Rundblick und Restaurantbesuch.

Panoramastraße 1a
März–Okt. tgl. 9–24 Uhr; Nov.–Feb. 10–24 Uhr
Tel. 247 57 58 75; www.tv-turm.de

▷ S- und U-Bhf. Alexanderplatz

Berliner Wahrzeichen: Der Fernsehturm

Dreht sich zweimal pro Stunde um die eigene Achse: Turmkugel mit Restaurant

Zwischen Berliner Dom, Berliner Rathaus und Bahnhof Alexanderplatz: Das höchste Bauwerk der Stadt

(Im Uhrzeigersinn von oben)

Friedrichstraße

Die schnurgerade Nord-Süd-Achse im Zentrum Berlins erlebte nach dem Mauerfall 1989 eine unvergleichliche Wiedergeburt. Durch zahllose Bauprojekte entstand quasi eine komplett neue Shoppingmeile zwischen → **Checkpoint Charlie** und **Bahnhof Friedrichstraße**.
Herzstück sind die **Friedrichstadt-Passagen** mit dem französischen Kaufhaus **Galeries Lafayette** (Ecke Französische Straße), entworfen von Jean Nouvel, das **Quartier 206** mit ausgesuchten Edelboutiquen von Henry N. Cobb und das **Quartier 205** von Oswald Mathias Ungers.
Die Friedrichstraße war einst als Amüsiermeile so berüchtigt wie legendär. Im **Admiralspalast** und dem **Friedrichstadtpalast**, nördlich des Bahnhofs gelegen, lebt die Tradition mit Varietés und glamourösen Revuen fort. Das **Berliner Ensemble** am Schiffbauerdamm, einst Wirkstätte des Dramatikers Bertolt Brecht (1898–1956), gehört zu den führenden deutschen Theaterbühnen.
Während der Teilung Berlins spielte der 1882 eröffnete Bahnhof Friedrichstraße eine traurige Rolle. Heute erinnert eine Ausstellung in dem **Tränenpalast** genannten gläsernen Pavillon daran, dass der belebte Verkehrsknotenpunkt zwischen 1963 und 1990 ein Grenzübergang zwischen der DDR und West-Berlin war.

Galeries Lafayette
Friedrichstraße 76–78
www.galerieslafayette.de

▷ U-Bhf. Stadtmitte

Tränenpalast
Reichstagufer 17
Di–Fr 9–19 Uhr, Sa/So 10–18 Uhr
Tel. 46 77 77 90; www.hdg.de

▷ S- und U-Bhf. Friedrichstraße

Lichterglanz: Französisches Kaufhaus Galeries Lafayette und Quartier 206

Vergnügungstempel mit hundertjähriger Vergangenheit: Der Admiralspalast

Modischer Chic: Edle Boutique in der Friedrichstraße

Zwischen Spree und Bahnhof Friedrichstraße: Moderne Bürohäuser hinter blau gestrichenem Tränenpalast

(Im Uhrzeigersinn von links oben)

Friedrichswerder

Zwischen → **Gendarmenmarkt** und → **Museumsinsel**, unweit der Straße → **Unter den Linden**, liegt einer der ältesten Stadtteile Berlins. Mitte des 17. Jahrhunderts gegründet, durch Krieg und totalitäre Planung im 20. Jahrhundert zerstört, erlebt der Friedrichswerder eine Renaissance.
Nur die **Friedrichswerdersche Kirche**, erbaut 1824–30, überstand die Wirren der Geschichte. Das neogotische Gotteshaus entwarf Baumeister Karl Friedrich Schinkel. Genutzt wird es als Museum für klassizistische Skulpturen, in dem Werke der bedeutenden Berliner Bildhauer Rauch und Schadow zu sehen sind. Auch über das Leben und Schaffen Schinkels wird informiert. Zu Ehren dieses stilprägenden Architekten entstand der schmucke **Schinkelplatz**.
Gegenüber der Kirche befindet sich das **Auswärtige Amt**. Das Bundesministerium arbeitet in einem riesigen Komplex, dessen Altbau 1934–40 für die Reichsbank errichtet wurde. Zu DDR-Zeiten war dieses Gebäude 30 Jahre lang Sitz der allmächtigen Staatspartei SED.
Im Kontrast zu dem monumentalen Haus stehen die **Townhouses**: schmale Wohnhäuser in zeitgenössischer Architektur, durch die pittoreskes Altstadtflair zurückkehrte. Der geruhsame **Hausvogteiplatz** war bis zum Zweiten Weltkrieg das Modezentrum der Hauptstadt.
Berlins älteste Zugbrücke, die **Jungfernbrücke** von 1798, ist am Spreekanal längs des Auswärtigen Amtes zu finden.

Friedrichswerdersche Kirche
Werderscher Markt
tgl. 10–18 Uhr
Tel. 266 42 42 42; www.smb.museum

▷ U-Bhf. Hausvogteiplatz

Moderne Architektur am Friedrichswerder: Townhouses

Alt neben Neu: Die Friedrichswerdersche Kirche spiegelt sich im Außenministerium

Idyllisch am Spreekanal mit der historischen Jungfernbrücke gelegen: Das Auswärtige Amt

In der Schinkelschen Kirche zu bewundern: Berliner Bildhauerkunst

(Im Uhrzeigersinn von links oben)

Gärten der Welt

Die Gärten der Welt, eine 21 Hektar große Grünanlage mit exotischer und traditioneller Gartenkunst, stellen eine außergewöhnliche Attraktion im Osten der Stadt dar. Innerhalb des **Erholungsparks Marzahn** gedeihen u. a. asiatische Gärten mit originalen Materialien und Gewächsen aus den jeweiligen Ländern, etwa der Chinesische, der Japanische und der Koreanische Garten.
Das chinesische Areal gehört zu den größten seiner Art außerhalb des Riesenreiches. Voller Symbolkraft ist der japanische Beitrag, den ein Zen-Priester entwarf. Spezialisten aus Marokko gestalteten den Orientalischen Garten im klassischen Stil der Mauren, die in den geometrischen Oasen ein Abbild des Paradieses sahen. Ein weiterer Höhepunkt ist der Garten der Renaissance, in dem die Anfänge europäischer Gartenarchitektur eindrucksvoll nachgestellt sind. Der Christliche Garten interpretiert den traditionellen Wandelgang eines Klosters neu: Das quadratische Terrain umschließen luftige goldfarbene Wände, die aus Buchstaben bestehen – Texte der Bibel und philosophische Weisheiten.
Im Irrgarten, gepflanzt aus 1250 Eiben, kann man seinen Orientierungssinn auf die Probe stellen.

Eisenacher Straße 99
tgl. 9 Uhr bis zur Dämmerung
Tel. 700 90 66 99; www.gaerten-der-welt.de

▷ S-Bhf. Marzahn, U-Bhf. Cottbusser Platz, dann Bus 195

Italien in Berlin-Marzahn: Garten der Renaissance

Grünes Labyrinth: Irrgarten im Erholungspark

Moderne Interpretation eines Kloster-Kreuzgangs: Christlicher Garten

Reizvoll an einem See gelegen: Chinesischer Garten

(Im Uhrzeigersinn von links oben)

Gedächtniskirche

Der **Breitscheidplatz** ist der belebteste Platz in Berlin, Zentrum der City-West und Beginn des → **Kurfürstendamms**. Seit mehr als 100 Jahren prägt die Kaiser-Wilhelm-Gedächtniskirche das Geschäftsviertel in Charlottenburg.

Sie wurde 1891–95 nach Plänen von Franz Schwechten erbaut. Das Gotteshaus aus Sandstein war einst 113 Meter hoch und innen mit Mosaikschmuck versehen. Nach der Zerstörung im Zweiten Weltkrieg wurde die Turmruine als Mahnmal gegen den Krieg gesichert. Flankiert wird der Torso zu beiden Seiten von modernen Kirchenbauten aus den Jahren 1957–61. Den achteckigen Saal für Gottesdienste und den sechseckigen Glockenturm entwarf Egon Eiermann. Die Glasmalerei von Gabriel Loire in den Betonwaben taucht die Innenräume in tiefblaues Licht.

Das 22-geschossige **Europacenter** wurde 1963–65 von Helmut Hentrich und Hubert Petschnigg errichtet und seitdem mehrfach umgebaut. Davor findet sich der **Weltkugelbrunnen** aus rotem Granit. Ein Kind der Nachkriegszeit ist auch das **Bikini-Haus** entlang der Budapester Straße, welches runderneuert wurde.

In Sichtweite zur Gedächtniskirche eröffnete 2012 das legendäre **Waldorf-Astoria Hotel** aus New York eine Dependance in einem Hochhaus.

Kaiser-Wilhelm-Gedächtniskirche
Breitscheidplatz
Kirche: tgl. 9–19 Uhr
Turmruine: Mo–Sa 10–16 Uhr
www.gedaechtniskirche-berlin.de

▷ S- und U-Bhf. Zoologischer Garten

Gegenüber der Kirche: Das neue Luxushotel Waldorf-Astoria

Gottesdienst: Moderner Kirchenbau von Egon Eiermann

Imposantes Wahrzeichen Berlins: Die Ruine der Gedächtniskirche

Vor dem Europacenter: Weltkugelbrunnen aus dem Jahr 1983

(Im Uhrzeigersinn von links oben)

Gedenkstätte Berliner Mauer

Die Gedenkstätte Berliner Mauer erinnert an die Teilung Berlins von 1961–89 und befindet sich in der Bernauer Straße. Diese bildete die Grenze zwischen den West- und Ost-Sektoren und war Ort tragischer Fluchtschicksale: Menschen aus dem abgeriegelten Ost-Berlin stürzten sich aus den Fenstern ihrer Häuser, um in den freien Westen zu gelangen. Wo 28 Jahre lang die unmenschliche Barriere stand, informiert heute eine Open-Air-Ausstellung über die dramatischen Ereignisse.
Zwischen Brunnenstraße und Nordbahnhof erstreckt sich das weitläufige Terrain, auf dem auch Opfern der Teilung gedacht wird. Korrodierte Metallstäbe, so hoch wie die einstige Mauer aus Beton, verlaufen entlang der ehemaligen Grenze und machen deren hermetischen Charakter anschaulich.
An der Ackerstraße befindet sich das Mahnmal, welches ein kurzes Stück der originalen Grenzanlage konserviert. Gegenüber liegt das **Dokumentationszentrum Berliner Mauer** mit einer Ausstellung und einer Aussichtsplattform, von der ein Blick über die einstige Grenzschneise möglich ist.
Unweit steht die **Kapelle der Versöhnung**, die dort errichtet wurde, wo die DDR 1985 zum Ausbau der Grenze die Versöhnungskirche sprengen ließ.
Ein **Besucherzentrum** am Nordbahnhof ist Anlaufpunkt für Touristen.

Dokumentations- und Besucherzentrum
Bernauer Straße 111/119
Di–So 9.30–18 Uhr, Apr.–Okt. bis 19 Uhr
Tel. 467 98 66 66;
www.berliner-mauer-gedenkstaette.de

▷ U-Bhf. Bernauer Straße, S-Bhf. Nordbahnhof

Mahnmal mit Wachturm an der ehemaligen Grenze: Die Gedenkstätte Berliner Mauer

Auf dem Platz der gesprengten Versöhnungskirche: Die Kapelle der Versöhnung von 1999

Neben Mauerresten: Besucherzentrum an der Bernauer Straße

(Im Uhrzeigersinn von oben)

LINER MAUER

Kapelle der Versöhnung

Gendarmenmarkt

Der Gendarmenmarkt gehört zu den schönsten Plätzen Europas. Einmalig ist das Ensemble aus Schauspielhaus und den beiden Kuppelbauten an dessen Seiten. Zwei vorher unscheinbare Kirchen hatte Carl von Gontard 1780–85 durch identische repräsentative Zubauten erweitert.
Der **Deutsche Dom** wurde nach Kriegsschäden vereinfacht wiederaufgebaut und beherbergt eine Ausstellung zur Geschichte des deutschen Parlamentarismus. Im **Französischen Dom** an der Nordseite des Platzes erinnert ein Museum an die Geschichte der Hugenotten und ihre Bedeutung für Berlin. Die in Frankreich verfolgte Glaubensgemeinschaft wurde hier ab 1685 mit offenen Armen aufgenommen. Bald sprach jeder fünfte Bewohner der Spreestadt Französisch.
Das **Schauspielhaus** (heute als Konzerthaus genutzt) entstand 1818–21 und ist ein Hauptwerk des preußischen Architekten Karl Friedrich Schinkel (1781–1841). 1871 wurde das Schillerdenkmal vor das Schauspielhaus gestellt.
An der Rückseite des Schinkelbaus, in der Charlottenstraße, befindet sich das Traditionslokal **Lutter & Wegner**. In der über 200-jährigen Weinstube kreierten zwei Stammgäste, der Autor E.T.A Hoffmann und der Schauspieler Ludwig Devrient, das deutsche Wort für Schaumwein: Sekt.

Deutscher Dom
Gendarmenmarkt 1
Di–So 10–18 Uhr, Mai–Sept. bis 19 Uhr
Tel. 22 73 04 31; www.bundestag.de

Hugenottenmuseum
Gendarmenmarkt 5
Di–Sa 12–17 Uhr, So 11–17 Uhr
Tel. 229 17 60; www.franzoesischer-dom.de

▷ U-Bhf. Stadtmitte

Dient heute als Konzerthaus: Das Schauspielhaus von Schinkel

Prunkstück vor dem Deutschen Dom: Schillerdenkmal von Reinhold Begas

Der schönste Platz der Hauptstadt: Gendarmenmarkt mit Schauspielhaus und Domen aus der Zeit Friedrichs des Großen

(Im Uhrzeigersinn von links oben)

Hackescher Markt

Zu den beliebtesten Zielen in Berlin gehört der Hackesche Markt. Das Tor zum Altstadtquartier Spandauer Vorstadt zieht bummelnde wie vergnügungssüchtige Menschen magisch an. Bis tief in die Nacht ist der Platz bevölkert.
Hauptattraktion sind die **Hackeschen Höfe**. Die Passage aus acht Höfen wurde 1906 nach Plänen des Architekten Kurt Berndt erbaut. Die Mischung aus Gastronomie, Kinos, Klubs, Varieté, Buch- und Souvenirläden, Modegeschäften und Wohnungen ist einmalig. Sehenswert ist die Jugendstil-Fassade von August Endell im ersten Hof. In der Nachbarschaft findet man noch weitere attraktive Höfe.
Verlässt man die Hackeschen Höfe am Hinterausgang, betritt man die **Sophienstraße** mit ihrer malerischen Häuserkulisse. Die **Sophienkirche** (Zugang: Große Hamburger Straße) besitzt den einzigen erhaltenen barocken Kirchturm von Berlin (1732–34 erbaut). Er ist 69 Meter hoch.
Exemplarisch für das kreative Flair der Spandauer Vorstadt sind die **Sophie-Gips-Höfe**, die von den Mäzenen Erika und Rolf Hoffmann mit Lichtinstallationen, Gartenkunst und Malereien

Hackesche Höfe
Rosenthaler Straße 40/41
www.hackesche-hoefe.com

Sophie-Gips-Höfe
Sophienstraße 21
Tel. 28 49 91 20; www.sammlung-hoffmann.de

Sophienkirche
Große Hamburger Straße 29
Mai–Sept. Mi 15–18 Uhr, Sa bis 17 Uhr
www.sophien.de

▷ S-Bhf. Hackescher Markt, U-Bhf. Weinmeisterstraße

Geschichtliches Zeugnis in der Sophienstraße: Portal der Berliner Handwerker

Highlight im Altberliner Häusermeer: Der Hackesche Markt

Kleinkunst: Street Art im Nachbarhaus der Hackeschen Höfe

Liebevoll restauriert: Jugendstilfassade in den Hackeschen Höfen

(Im Uhrzeigersinn von links oben)

DIE HACKESCHEN HÖFE
trippen
MÖBELRESTAURATOR
maz&movie
oxymoron
Heinrich Böll Stiftung
Hanleys
kleiner festsaal
KUNSTBUCH
FILMTHEATER
ANTIQUITÄTEN
HACKESCHES HOFTHEATER
AMPELMANN SHOP
anatre
PUMA
PUMA
Neue Promenade
HACKESCHER HOF

künstlerisch gestaltet wurden. Kunst statt Kommerz dominiert auch die **Auguststraße** mit ihren zahlreichen Galerien, zum Beispiel den KunstWerken.
Die international sehr erfolgreiche junge Berliner Modewelt stellt ihre Kreationen vor allem in der Alten und Neuen Schönhauser Straße sowie der Münzstraße zur Schau.
Der **S-Bahnhof Hackescher Markt** gehört zu den ältesten intakten Bahnhöfen in Berlin und ist die schönste Station auf der 1875–82 erbauten Stadtbahntrasse. Diesseits des Schmuckstücks aus Klinker und Terrakotta ist am **Litfaß-Platz** zeitgenössische Architektur (2010) im altstädtischem Maßstab sehenswert.

Erinnerung an den Erfinder der Plakatsäule: Der Litfaß-Platz

Relikt aus der Kaiserzeit in der Neuen Schönhauser Straße: Das Volkskaffeehaus

Touristentrubel vor altehrwürdiger Station: S-Bahnhof Hackescher Markt

Kunst in allen Facetten: Galerie in der Auguststraße

(Im Uhrzeigersinn von links oben)

Volks=Kaffee=u.Speise=Hallen Ges.

Hauptbahnhof

Die imposante Kathedrale für den Schienenverkehr ist in Europa einmalig. Zwei Strecken kreuzen sich im Hauptbahnhof auf zwei verschiedenen Ebenen: Die Ost-West-Verbindung verläuft vier Etagen über der unterirdischen Nord-Süd-Trasse. Die kühne Konstruktion, entworfen vom Büro von Gerkan, Marg & Partner, ist seit der Eroffnung im Mai 2006 eine Sehenswürdigkeit.

Nicht weit entfernt, an der Invalidenstraße, befindet sich Berlins ältester noch erhaltener Bahnhof. Der **Hamburger Bahnhof** entstand 1846/47 und ist heute als „Museum der Gegenwart" Ort für Kunst aus der zweiten Hälfte des 20. Jahrhunderts und Ausstellungen zeitgenössischer Künstler. Zu sehen sind u. a. Werke von Joseph Beuys, Anselm Kiefer, den Jungen Wilden und Andy Warhol. Die Lichtinstallation an der klassizistischen Eingangsfassade stammt von Dan Flavin.

Ein weiteres nahe gelegenes Highlight ist das **Museum für Naturkunde**. Die über 200-jährige Sammlung ist nicht nur wegen des weltweit größten ausgestellten Dinosaurierskeletts faszinierend. Eindrucksvoll ist auch die „Nass-Sammlung", in der rund eine Million Tierpräparate in Gläsern zu bestaunen sind.

Hamburger Bahnhof – Museum für Gegenwart
Invalidenstraße 50/51
Di–So 10–18 Uhr, Sa bis 20 Uhr
Tel. 266 42 42 42; www.smb.museum

▷ S- und U-Bhf. Hauptbahnhof

Museum für Naturkunde
Invalidenstraße 43
Di–Fr 9.30–18 Uhr, Sa/So 10–18 Uhr
Tel. 20 93 85 91; www.naturkundemuseum-berlin.de

▷ U-Bhf. Naturkundemuseum

Moderne Kathedrale: Der Hauptbahnhof

Berlins neuester Bahnhof: Begegnung von ICE und Berliner S-Bahn

Berlins ältestes Bahnhofsgebäude: Der Hamburger Bahnhof als Kunstmuseum

Berlins ältestes Skelett: Dinosaurier im Naturkundemuseum

(Im Uhrzeigersinn von links oben)

Holocaust-Mahnmal

In Berlin wird nicht verdrängt, dass die Stadt von 1933 bis 1945 Machtzentrale des nationalsozialistischen Terrorregimes war. An die unvorstellbar brutalen Verbrechen der NS-Diktatur, besonders den grauenvollen Massenmord an sechs Millionen Menschen jüdischen Glaubens, wird deshalb im Zentrum der deutschen Hauptstadt, unweit der → **Wilhelmstraße**, des Machtzentrums der Nationalsozialisten, erinnert. Südlich vom → **Brandenburger Tor** erstreckt sich das 2005 eingeweihte „Denkmal für die ermordeten Juden Europas", meist Holocaust-Mahnmal genannt. Es besteht aus 2711 verschieden hohen Betonstelen, die unebene und unübersichtliche Gassen bilden, durch die täglich rund 2000 Besucher schreiten.
Beim Gang durch das Holocaust-Mahnmal soll ein Gefühl der Verunsicherung und Beklemmung entstehen – so die Idee des New Yorkers Peter Eisenman, von dem der Entwurf stammt. Die historischen Hintergründe der Shoa erklärt der „Ort der Information", der unter dem Areal liegt. Als Kontrast zur abstrakten Kulisse des Stelenfeldes widmet sich darin der „Raum der Namen" den individuellen Schicksalen. Während die Lebensdaten einzelner Opfer der Shoa an die Wände projiziert werden, werden die Namen über Lautsprecher vorgelesen.
In der Nähe (Ebert-, Ecke Lennéstraße) findet man das „Denkmal für die vom Nationalsozialismus verfolgten Homosexuellen".

Denkmal für die ermordeten Juden Europas
Cora-Berliner-Straße 1
Ort der Information: Apr.–Sept. Di–So 10–20 Uhr, Okt.–März bis 19 Uhr
Tel. 263 94 30; www.holocaust-denkmal.de

▷ S- und U-Bhf. Brandenburger Tor

Im Untergrund: Der „Ort der Information"

Aus der Vogelperspektive: Das riesige Stelenfeld des Holocaust-Mahnmals

Vor der Häuserkulisse des Potsdamer Platzes: 2711 Steine mahnen an die ermordeten Juden Europas

Individuelle Schicksale von Opfern der nationalsozialistischen Diktatur: Ausstellung zur Shoa

(Im Uhrzeigersinn von links oben)

Österreich 65.000–65.500
Letzebuerg ca. 1.200

Jüdisches Museum

Das Jüdische Museum Berlin ist nicht zuletzt wegen der einzigartigen, ausdrucksstarken Architektur des von Daniel Libeskind gestalteten Neubaus (1993–98) ein Muss für Besucher aus aller Welt. Der berühmte amerikanische Architekt wollte mit der verwinkelten Gestaltung des Gebäudes die Zerstörung jüdischen Lebens in Deutschland physisch erlebbar machen. Der Zickzack-Grundriss kann mit einem zerrissenen Davidstern assoziiert werden. Die schrägen, bizarren Fenster scheinen die Zinkhaut des Museums zu zerschneiden.
Genial ist die Anordnung der Innenräume. Nirgendwo gibt es eine klare Struktur, leere Betonschächte stehen im Gebäude wie sperrige Barrieren. Diese „voids" erinnern an die brutale Vernichtung der Juden während der NS-Diktatur. Die modern konzipierte, mit vielen interaktiven Elementen versehene Ausstellung spannt einen Bogen von der Römerzeit bis zur Gegenwart. Eine Vielzahl von Objekten und Bildern erklärt das Alltagsleben und die besondere Rolle des Judentums in Deutschland. Teil des Museums ist einer der seltenen Barockbauten (1734/35) Berlins, das einstige Kammergericht. Dessen Innenhof überdachte Libeskind mit einem expressiv gestalteten Glasdach, welches eine Laubhütte symbolisiert.
In einer 2012 von Libeskind umgestalteten ehemaligen Blumengroßmarkthalle auf der anderen Seite der Lindenstraße ist die **Akademie des Jüdischen Museums** untergebracht.

Lindenstraße 9–14
tgl. 10–20 Uhr, Mo bis 22 Uhr
Tel. 25 99 33 00; www.jmberlin.de

▷ U-Bhf. Kochstraße o. Hallesches Tor

Gezackter Neubau neben barockem Palais: Das Jüdische Museum

Erinnert an die Flucht aus NS-Deutschland: Der „Garten des Exils"

Silbrig schimmernd: Die Metallhaut des Libeskind-Gebäudes

Jüdisches Alltagsleben: Dauerausstellung in dem vielbesuchten Museum

(Im Uhrzeigersinn von links oben)

KaDeWe

Berlin ohne das Kaufhaus des Westens wäre unvorstellbar. Das größte Warenhaus auf dem europäischen Festland ist mehr als ein gutsortiertes Einkaufsparadies – das KaDeWe ist eine Legende. Vor allem den Besuch in der Lebensmittel- und Delikatessenabteilung in den obersten Etagen sollte man sich nicht entgehen lassen. Hier kann man ein internationales Publikum Champagner und Austern schlemmen sehen.

Als das Kaufhaus 1907 am **Wittenbergplatz** eröffnet wurde, war diese Karriere nicht vorauszusehen. Architekt Emil Schaudt passte das Warenhaus an der Tauentzienstraße 21–24 der umliegenden bürgerlichen Wohnhaus-Architektur an. Mit dem KaDeWe entwickelte sich der **Tauentzien**, der sich östlich an den → **Kurfürstendamm** anschließt, dann rasch zu einer wichtigen Einkaufsmeile, schon 1929 wurde das fünfgeschossige Kaufhaus um zwei Stockwerke erweitert. Kräftig vergrößert wurde das KaDeWe nochmals in den 1990er Jahren und bekam ein eindrucksvolles Dach mit großem Wintergarten. Im Erdgeschoss wurde ein „Boulevard" für Luxusmarken eingerichtet.

Tauentzienstraße 21–24
www.kadewe.de

▷ U-Bhf. Wittenbergplatz

Visueller Genuss: Dekoriertes Schaufenster des KaDeWe

Freundlicher Empfang: Ein Portier am Haupteingang zum Kaufhaus des Westens

Exotische Kost: Die Lebensmittelabteilung des berühmten Kaufhauses

Eröffnete 1907 seine Pforten: Berlins größter Konsumtempel

(Im Uhrzeigersinn von links oben)

KaDeWe

KAUFHAUS DES WESTENS

Karl-Marx-Allee

Wer einen kleinen Eindruck von Moskau bekommen möchte, braucht in Berlin nicht weit zu fahren: Auf einer Länge von knapp zwei Kilometern kopierte die DDR geradezu mustergültig den Stil der Sowjetarchitektur, zu bewundern in der Karl-Marx-Allee, die 1949–61 Stalinallee hieß und vom → **Alexanderplatz** nach Osten verläuft.

Als man 1952 unter der Leitung von Hermann Henselmann damit begann, die „erste sozialistische Straße in Deutschland" zu verwirklichen, wurden die Wohnhäuser geradezu komfortabel und luxuriös, etwa mit Fahrstühlen und Parkett, ausgestattet. Das Prestigeobjekt der jungen DDR entwickelte sich dennoch zur Keimzelle des Arbeiteraufstandes vom 17. Juni 1953.

Der 90 Meter breite Boulevard zwischen **Strausberger Platz** und Proskauer Straße wurde 1961 vollendet. Nach der Wiedervereinigung wurde das Baudenkmal Schritt für Schritt restauriert, die Fassaden erhielten ihre Verkleidungen aus Meißner Keramik wieder. Architektonische Höhepunkte in der Karl-Marx-Allee sind die Turmbauten am **Frankfurter Tor** und das **Kino Kosmos**. Das **Kino International** entstand 1965 nahe dem Strausberger Platz im Stil der Moderne.

▷ U-Bhf. Strausberger Platz o. Frankfurter Tor

Prachtbau im Moskauer Stil: Historische Buchhandlung an der Karl-Marx-Allee

Blick zum Alexanderplatz: Der 1967 errichtete Brunnen auf dem Strausberger Platz

Mit einer Kuppel wie am Gendarmenmarkt: Wohnturm am Frankfurter Tor

Beliebtes Programmkino in der Karl-Marx-Allee: Das „International"

(Im Uhrzeigersinn von links oben)

NATIONAL

IVG

Kollwitzplatz

Nirgends sonst in Berlin gibt es ein so geballtes Angebot an Restaurants und Lokalen wie im Stadtteil Prenzlauer Berg. Das ehemalige Viertel der kleinen Leute hat sich zu einem schicken Trendbezirk gemausert – nicht zuletzt wegen des Charmes der Stuckfassaden im fast lückenlosen Häusermeer der Gründerzeit.
Vom attraktiven **Senefelderplatz** mit dem historischen Biergarten **Pfefferberg** führt die Anhöhe zum Kollwitzplatz, benannt nach der Malerin und Grafikerin Käthe Kollwitz (1867–1945), die dort bis kurz vor ihrem Tod lebte. Auf der Grünfläche steht eine Kopie ihrer Plastik „Mutter mit zwei Kindern".
Unweit des Platzes befindet sich zwischen Knaackstraße und Schönhauser Allee die **Kulturbrauerei**. Den denkmalgeschützten Komplex von 1889 entwarf der Architekt der Gedächtniskirche Franz Schwechten. Die originalen Backsteinhallen locken heute mit Diskotheken, Kinos und Restaurants.
In der nahen Kastanienallee liegt der **Pratergarten**, Berlins ältester Biergarten aus dem Jahr 1837. Wegen ihres ungeschminkten Erscheinungsbildes ist die Kastanienallee besonders beim jungen Publikum „in". Der Wandel ist jedoch bereits absehbar.

Kulturbrauerei
Knaackstraße 97
www.kulturbrauerei-berlin.de

▷ U-Bhf. Eberswalder Straße

Berliner Klassiker: U-Bahn-Viadukt in der Schönhauser Allee

Treffpunkt für Nachtschwärmer: Die Kulturbrauerei

Gab dem Platz den Namen: Käthe-Kollwitz-Denkmal von Gustav Seitz

Restaurants und Kneipen en masse: Die Gegend rund um den Kollwitzplatz

(Im Uhrzeigersinn von links oben)

Kulturforum

Gleich neben dem Neubauviertel am → **Potsdamer Platz** glänzt Berlin mit einer geballten Ladung Kunst und Kultur von internationalem Rang. Das Kulturforum beiderseits der Potsdamer Straße ist zudem das bedeutendste Bauensemble der Nachkriegszeit in West-Berlin. Das Konzept aus spektakulären Solitären, die zu einer „Stadt-Landschaft" verschmelzen, stammt von Hans Scharoun (1959–64 erarbeitet). Philharmonie, Kammermusiksaal, Staatsbibliothek, Gemäldegalerie und Neue Nationalgalerie bilden ein einzigartiges geistig-kulturelles Zentrum.

Der erste Bau des Kulturforums, die **Philharmonie**, entstand 1960–63. Das expressiv gestaltete Konzerthaus ist wegen seiner brillanten Akustik weltberühmt. Die hier beheimateten Berliner Philharmoniker (1882 gegründet) gehören zu den besten Orchestern klassischer Musik der

Gemäldegalerie
Matthäikirchplatz
Di–So 10–18 Uhr, Do bis 22 Uhr

Neue Nationalgalerie
Potsdamer Straße 50
Di–Fr 10–18 Uhr, Do bis 22 Uhr, Sa/So 11–18 Uhr

Beide: Tel. 266 42 42 42; www.smb.museum

Musikinstrumenten-Museum
Tiergartenstraße 1, Eingang Ben-Gurion-Straße
Di–Fr 9–17 Uhr, Do bis 22 Uhr, Sa/So 10–17 Uhr
Tel. 25 48 11 78; www.mim-berlin.de

St.-Matthäus-Kirche
Matthäikirchplatz 1
Di–So 12–18 Uhr
Tel. 262 12 02; www.stiftung-stmatthaeus.de

▷ S- und U-Bhf. Potsdamer Platz, Bus 200

Versammelt kulturelle Stätten von Weltrang: Das Kulturforum

Alt und Neu vereint: Gemäldegalerie mit St.-Matthäus-Kirche

Bekannt für seine exzellente Akustik: Der Kammermusiksaal

Erste Adressen für klassische Musik: Philharmonie (links) und Kammermusiksaal

(Im Uhrzeigersinn von links oben)

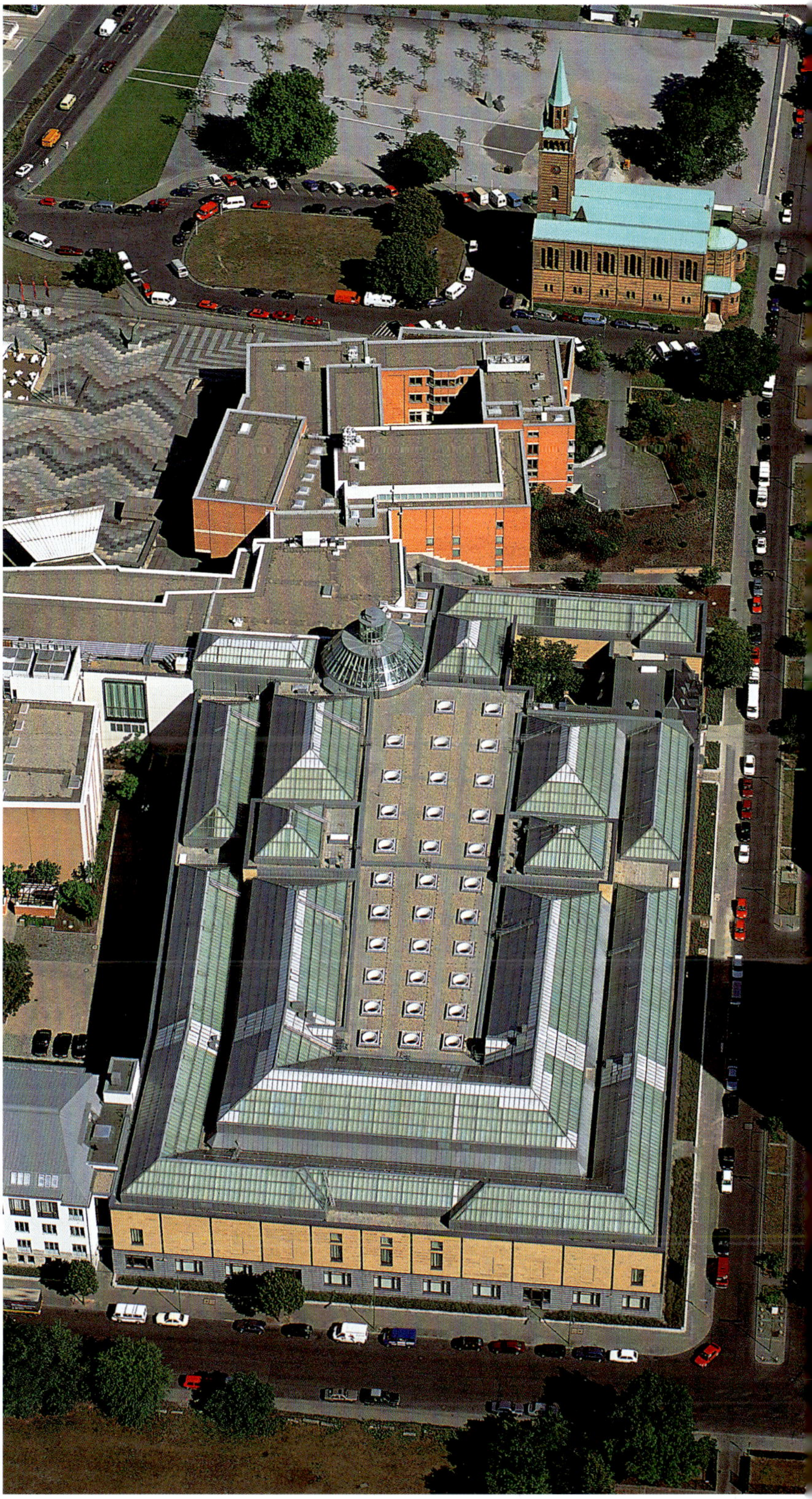

Welt. Aus der Feder Scharouns stammen auch die Nachbargebäude: der **Kammermusiksaal** und das **Musikinstrumenten-Museum**, die nach dem Tod des Baumeisters von Scharoun-Schüler Edgar Wisniewski 1985–87 verwirklicht wurden.
Sehenswert ist auch die imposante **Staatsbibliothek** (1967–78), die direkt neben den Neubauten am Potsdamer Platz wie ein goldglänzender Fels wirkt. Ein Klassiker der Moderne ist die gläserne **Neue Nationalgalerie** von Ludwig Mies van der Rohe (1965–68 erbaut), in der Werke des frühen 20. Jahrhunderts ausgestellt sind. Die **Gemäldegalerie** widmet sich der alten Malerei bis zum 18. Jahrhundert. Das benachbarte, rot geklinkerte **Kunstgewerbemuseum** entwarf Rolf Gutbrod (1979–85 erbaut).
Zeugnis der preußischen Geschichte ist die in der Forumsmitte gelegene **St.-Matthäus-Kirche**, die 1844–46 von Friedrich August Stüler gebaut wurde.

Kunsttempel mit Kultstatus: Neue Nationalgalerie von Mies van der Rohe

Überstand das Inferno des Zweiten Weltkriegs: Die St.-Matthäus-Kirche von Stüler

Zeigt berühmte Werke europäischer Altmeister: Die Gemäldegalerie

(Im Uhrzeigersinn von oben)

Kurfürstendamm

Von der → **Gedächtniskirche** zieht sich der Kurfürstendamm 3,5 Kilometer lang durch den Berliner Westen. Der weltberühmte, von Platanen gesäumte Boulevard geht auf eine Anregung des Reichskanzlers Otto von Bismarck zurück. In seinem Sinne entstanden ab 1886 großbürgerliche Wohnpaläste, die mit repräsentativen Fassaden geschmückt wurden. Schnell entwickelte sich der vornehme „Kudamm" zur pulsierenden Lebensader mit Kinos und großstädtischen Vergnügungen.
Zwischen Bleibtreustraße und Adenauerplatz konzentrieren sich die eleganten Boutiquen der Haute Couture. An der Kreuzung zur Joachimstaler Straße liegt das berühmteste Kaffeehaus der Hauptstadt, das **Café Kranzler**. Neben dem Flachbau der 1950er Jahre zeigt sich der Kurfürstendamm von seiner zeitgenössischen Seite: Ein halbrundes Luxushotel (mit Skulpturen von Markus Lüpertz) und das gläserne **Neue Kranzler-Eck** stehen sich schräg gegenüber. Die Geschäftspassage im Kranzler-Eck führt geradewegs zum schönsten Bühnenhaus der Belle Époque: Das **Theater des Westens** an der Kantstraße, 1896 eröffnet, ist ein Ort der leichten Muse, Bühne für Musicals und Varieté. Lohnenswert ist auch ein Abstecher in die **Fasanenstraße**. Aus der Frühzeit des Kurfürs-

Käthe-Kollwitz-Museum
Fasanenstraße 24
tgl. 11–18 Uhr
Tel. 882 52 10; www.kaethe-kollwitz.de

Theater des Westens
Kantstraße 12
Tel. 31 90 30; www.theater-des-westens.de

▷ U-Bhf. Kurfürstendamm, Uhlandstraße o. Adenauerplatz

Dynamisch: Neues Kudamm-Eck

Schwungvoll: Luxushotel am Joachimstaler Platz

Leuchtend: Traditionscafé Kranzler mit Neuem Kranzler-Eck

Durchzieht als grünes Band den Westen Berlins: Der Kurfürstendamm

(Im Uhrzeigersinn von links oben)

CONCORDE BERLIN
PASTA
VAPIANO
PIZZA

KRANZLER
GERRY WEBER
LINDEX
LINDEX
LINDEX
LINDEX
LINDEX

tendamms hat sich in dieser Seitenstraße eine Stadtvilla mit Garten erhalten, in der das **Literaturhaus** mit Café zu Hause ist (Nr. 23) – eine Oase inmitten des Trubels. Nebenan befindet sich das **Käthe-Kollwitz-Museum** mit Werken der sozialkritischen Künstlerin (1867–1945).
In der Fasanenstraße 79/80, nördlich des Kudamms, liegt das **Jüdische Gemeindezentrum**. Die 1912 an gleicher Stelle eingeweihte Synagoge brannte in der Pogromnacht 1938 aus. Das alte Portal wurde vor dem schlichten Neubau von 1959 aufgestellt.

Großbürgerlicher Stadtpalast von 1891/92: Die Villa Grisebach in der Fasanenstraße

Erinnerung an die 1938 niedergebrannte Synagoge: Skulptur einer Thorarolle vor dem Jüdischen Gemeindezentrum

Idylle: Gartencafé des Literaturhauses in der Fasanenstraße

Architektonischer Stilmix: Das Theater des Westens

(Im Uhrzeigersinn von links oben)

Marienkirche

Etwas verloren steht sie heute inmitten der Monumentalbauten aus DDR-Zeiten: Im Schatten des → **Fernsehturms** erinnert die St. Marienkirche daran, dass hier gut 800 Jahre lang die Kernstadt Berlins stand – mit Gassen und kleinen Märkten.

In dem 1295 erstmals erwähnten gotischen Gotteshaus sind herausragende sakrale Kunstschätze zu sehen. Zu ihnen gehört das historisch wertvolle Fresko „Totentanz", 1484 nach einer Pestepidemie in der Turmhalle erschaffen. Die barocke Alabaster-Kanzel von 1702/03 entwarf Andreas Schlüter. Die Marienkirche erhielt 1790 ihre kupferne Turmspitze – ein Meisterwerk von Carl Gotthard Langhans.

Unweit des Gotteshauses befindet sich der opulente **Neptunbrunnen**. Berlins schönster Brunnen (1888) war ein Geschenk der Stadt an den letzten deutschen Kaiser. Das Werk des Bildhauers Reinhold Begas symbolisiert die Flüsse Rhein, Elbe, Oder und Weichsel.

Aus den alten Tagen der Hauptstadt stammt auch das **Berliner Rathaus**, wegen seiner Backsteinfassade im Volksmund „Rotes Rathaus" genannt. Erbaut wurde es 1861–69 nach Plänen von Hermann Friedrich Waesemann. Der Turm im Stil der norditalienischen Gotik ragt 74 Meter in die Höhe. Das Rathaus ist Sitz der Landesregierung, des Senats, und des Regierenden Bürgermeisters.

Karl-Liebknecht-Straße 8
tgl. 10–18 Uhr
Tel. 258 18 51 12; www.marienkirche-berlin.de

▷ S- und U-Bhf. Alexanderplatz, Bus 100, 200

Berühmte Repräsentanten der Berliner Geschichte: Marienkirche und Fernsehturm

Repräsentanten der Berliner Bevölkerung: Turm des Roten Rathauses, des Sitzes der Landesregierung

Mittelalterliche Kulisse: Der imposante Neptunbrunnen vor der Marienkirche

(Im Uhrzeigersinn von oben)

deine Geschichte!
.berlin.de
be Berlin

Museumsinsel

Auf der Nordseite der Spreeinsel in der Stadtmitte liegt einer der herausragenden Museumskomplexe Europas, die Museumsinsel. Im Laufe von 100 Jahren entstand bis 1930 ein Ensemble, an dem fünf Architekten beteiligt waren. Das 1999 in die UNESCO-Liste des Weltkulturerbes aufgenommene Museumsquartier wird seit Ende der 1990er Jahre schrittweise restauriert und um ein neues Empfangsgebäude erweitert.
Das **Alte Museum** von Karl Friedrich Schinkel (1825–30 erbaut), dessen Gebäudefront den **Lustgarten** am → **Berliner Dom** beherrscht, ist ein Meisterwerk klassizistischer Architektur. Die Rotunde in diesem ersten Museumsbau Berlins ist überwältigend: Dem Pantheon in Rom nachempfunden, ist sie ein passender Auftakt zur ausgestellten Antikensammlung.
Im **Neuen Museum** befindet sich das Ägyptische Museum mit der berühmten Büste der Nofretete. Der 1843–46 von Friedrich August Stüler errichtete Bau ist nach dem Wiederaufbau (Eröffnung 2009) eine Mischung aus Alt und Neu.
Neben dem Neuen Museum befindet sich das

Altes Museum
tgl. 10–18 Uhr, Do bis 22 Uhr

Alte Nationalgalerie
Di–So 10–18 Uhr, Do bis 22 Uhr

Bodemuseum
tgl. 10–18 Uhr, Do bis 22 Uhr

Neues Museum
So–Mi 10–18 Uhr, Do–Sa bis 20 Uhr

Pergamonmuseum
tgl. 10–18 Uhr, Do bis 21 Uhr

Alle: Tel. 266 42 42 42; www.smb.museum

▷ S-Bhf. Hackescher Markt, Bus 100, 200

Hauptwerk Schinkels: Das Alte Museum am Lustgarten

Klassizismus à la Preußen: Die Rotunde des Alten Museums

Historische Kulturtempel auf der Museumsinsel: Alte Nationalgalerie (rechts) und Neues Museum

(Im Uhrzeigersinn von links oben)

zweite Werk Stülers: die **Alte Nationalgalerie**. Das Haus für Malerei und Skulpturen aus dem 19. Jahrhundert ähnelt einem antiken Tempel auf hohem Sockel. Der Entwurf Stülers wurde 1867–76 von Johann Heinrich Strack vollendet. Das Reiterstandbild auf der Freitreppe stellt Friedrich Wilhelm IV. dar, der die Idee zur Museumsinsel hatte. In der Alten Nationalgalerie sind Werke französischer Impressionisten (Manet, Monet, Renoir) zu sehen, daneben Gemälde der Romantik von Caspar David Friedrich und Karl Friedrich Schinkel.

Die Nordspitze der Museumsinsel bildet das **Bode-Museum**, 1898–1904 von Ernst von Ihne erbaut. In dem Museum stehen sakrale Kunstwerke aus Byzanz und europäische Skulpturen von der Renaissance bis zum Barock im Mittelpunkt.

Absoluter Publikumsrenner ist das **Pergamonmuseum** von Alfred Messel (1907–30 erbaut), in dem archäologische Funde aus der Antike, das Ischtar-Tor aus Babylon und der beeindruckende Pergamonaltar zu bestaunen sind.

Heute beheimatet in der Alten Nationalgalerie: Die Prinzessinnengruppe von Schadow

Neobarock: Das Bodemuseum an der Spitze der Museumsinsel

Weltberühmte Bewohnerin des Neuen Museums: Die ägyptische Königin Nofretete

Publikumsmagnet des Pergamonmuseums: Der monumentale Altar aus der kleinasiatischen Stadt Pergamon

(Im Uhrzeigersinn von oben)

BODE-MUSEUM

Museumszentrum Dahlem

Neben der → **Museumsinsel** und dem → **Kulturforum** gibt es einen dritten wichtigen Standort für Museen in Berlin: die **Museen für Kunst und Kulturen der Welt** in Dahlem. In dem Ortsteil im Südwesten Berlins befinden sich Sammlungen über europäische und außereuropäische Kulturen sowie das **Ethnologische Museum**. Mit 500 000 Objekten aus aller Welt besitzt es eine der größten völkerkundlichen Sammlungen weltweit.
Herausragend sensibel präsentiert werden die Exponate im **Museum für Indische Kunst** und im **Museum für Ostasiatische Kunst**. Auch das **Museum Europäischer Kulturen**, das die Volks- und Alltagskultur aus dem deutschsprachigen Mitteleuropa vom 16. Jahrhundert bis zur Gegenwart zur Schau stellt, ist eine erste Adresse. Die Idee für diesen Museumsstandort hatte der Museumsplaner Wilhelm von Bode bereits 1911, die Umsetzung konnte jedoch erst nach dem Zweiten Weltkrieg erfolgen. Die Entwürfe für die modernen Häuser stammen von den Architekten Wils Ebert und Fritz Bornemann.

Ethnologisches Museum
Museum für Asiatische Kunst
Museum Europäischer Kulturen
Lansstraße 8
Di–Fr 10–18 Uhr, Sa/So 11–18 Uhr
Tel. 266 42 42 42; www.smb.museum

▷ U-Bhf. Dahlem Dorf

Kolossal: Bildhauerkunst der Ureinwohner Mittelamerikas

Neubau in Dahlem: Museen für Kunst und Kulturen der Welt

Zu bewundern im Ethnologischen Museum: Originale Hütten aus dem Südpazifik

(Im Uhrzeigersinn von links oben)

AFRIKA
AMERIKA
OZEANIEN
ASIEN
EUROPA
MUSEUM FÜR ASIATISCHE KUNST · MUSEUM EUROPÄISCHER KULTUREN

Neue Synagoge

Zu den schönsten Gebäuden Berlins gehört die Neue Synagoge in der Spandauer Vorstadt. Das über 150 Jahre alte jüdische Gotteshaus war einst die größte und bedeutendste Synagoge Deutschlands. Nach Teilzerstörung im Zweiten Weltkrieg wurde sie nur im vorderen Bereich rekonstruiert und dient heute unter dem Namen **Centrum Judaicum** als jüdisches Kultur-, Dokumentations- und Veranstaltungszentrum. Eduard Knoblauch fertigte 1857–59 den Entwurf für den Bau in der Oranienburger Straße, den nach dessen Tod August Stüler bis 1866 verwirklichte. Einmalig in Berlin ist der maurisch beeinflusste Stil mit der markanten goldschimmernden Kuppel. Der heute abgetragene Gebetssaal der Synagoge bot einst 3000 Gläubigen Platz. In der Pogromnacht 1938 wurde die Neue Synagoge von einem beherzten Polizisten vor brandschatzenden Nationalsozialisten gerettet.

Die Oranienburger Straße ist ein beliebter Treffpunkt des Nachtlebens. Besonders in den **Heckmann-Höfen** neben der Synagoge spürt man den Charme des historischen Viertels. Das **Postfuhramt** (Ecke Tucholskystraße) wurde 1875–81 in einem Architekturstil errichtet, der sich an der Synagoge orientiert.

In der Großen Hamburger Straße liegt der älteste **Jüdische Friedhof** Berlins (1672–1827). In der NS-Zeit verwüstet, ist er nun ein Gedenkort.

Oranienburger Straße 28/30
So–Do 10–18 Uhr, Fr 10–14 Uhr, März–Okt. So/Mo bis 20 Uhr, Apr.–Sept. Fr bis 17 Uhr
Tel. 88 02 83 16; www.cjudaicum.de

▷ S-Bhf. Oranienburger Straße

Einst einer der schönsten Behördenbauten, jetzt Ausstellungshaus: Das Postfuhramt in der Oranienburger Straße

Erbaut als prächtigstes jüdisches Gotteshaus in Europa: Die Neue Synagoge mit ihrer markanten goldenen Kuppel

Andenken an einen der wichtigsten deutschen Philosophen: Mendelssohn-Grabstein in der Großen Hamburger Straße

Rekonstruiert: Kleiner Betsaal in der Neuen Synagoge

(Im Uhrzeigersinn von links oben)

Nikolaiviertel

Das Nikolaiviertel an der Spreeinsel ist eine Art Freilichtmuseum des zerstörten Alt-Berlin. In seiner heutigen Gestalt entstand es zur 750-Jahr-Feier Berlins 1987.
Beherrscht wird das kleine, von zahlreichen Cafés und Restaurants durchzogene Quartier westlich vom → **Alexanderplatz** durch die **Nikolaikirche**. Dieses älteste erhaltene Bauwerk Berlins beherbergt heute ein Museum für sakrale Plastiken. Der Bau des Gotteshauses begann um 1230, im 15. Jahrhundert erhielt es seine heutige Gestalt.
Im Nikolaiviertel wurden etliche historische Häuser aus dem 16. bis 18. Jahrhundert rekonstruiert. Zu diesen zählen das **Ephraim-Palais**, der Gasthof **Zum Nussbaum**, das Wohnhaus von Gotthold Ephraim Lessing (1729–81) und das **Knoblauchhaus** (1759–61), in dem sich eine Ausstellung über die Zeit des Biedermeier und die einflussreiche Familie Knoblauch befindet. Zeugnisse der Vergangenheit in der nahen Klosterstraße sind die Ruine der **Klosterkirche** (nach 1250), die barocke **Parochialkirche** (1703) und das **Palais Podewils** (1704).

Nikolaikirche
Nikolaikirchplatz
tgl. 10–18 Uhr

Knoblauchhaus
Poststraße 23
Di–So 10–18 Uhr, Mi 12–20 Uhr

Ephraim-Palais
Poststraße 16
Di–So 10–18 Uhr, Mi 12–20 Uhr

Alle: Tel. 24 00 21 62;
www.stadtmuseum.de

▷ S- und U-Bhf. Alexanderplatz, U-Bhf. Klosterstraße

Die „schönste Ecke Berlins": Das Ephraim-Palais von 1766

Fast 800 Jahre alt: Die Nikolaikirche mit ihren Türmen von 1878

Im Herzen der Hauptstadt gelegen: Das rekonstruierte Nikolaiviertel

Nostalgie pur: Das Wirtshaus „Zum Nussbaum", 1985–87 als Kopie ins Nikolaiviertel gesetzt

(Im Uhrzeigersinn von links oben)

LA RIVA
Spree-Comtess

Oberbaumbrücke

Berlin rühmt sich, mehr Brücken zu haben als Venedig. Tatsächlich hat die Spreestadt fast 1000 Brückenbauwerke aus den unterschiedlichsten Stilepochen. Die Oberbaumbrücke, die seit 1896 Friedrichshain und Kreuzberg über die Spree miteinander verbindet – hier befand sich einst der Oberbaum, an dem Zölle eingetrieben wurden –, ist am aufwendigsten gestaltet. Über sie führt nicht nur der Straßenverkehr, sondern auch Berlins älteste U-Bahn-Linie.
Das Tragwerk für die Gleise im Hochparterre wurde architektonisch verkleidet und mit mittelalterlich anmutendem Schmuck versehen. Otto Stahn schuf so ein Bauwerk, das einer Burg der Mark Brandenburg ähnelt.
Zu beiden Ufern hat sich die Berliner Popkultur angesiedelt. Unzählige Clubs und Diskotheken locken die trendbewusste Szene an. In der **Media-Spree** auf dem Gelände des einstigen Osthafens ist die Musik- und Modebranche zu Hause. Der Konzern Universal etwa arbeitet in einem umgebauten Kühlhaus für Hühnereier aus dem Jahr 1928/29 direkt neben der Oberbaumbrücke.
Die Schlesische Straße auf der Kreuzberger Seite ist ein stark frequentiertes Eldorado für Nachtschwärmer. Der **U-Bahnhof Schlesisches Tor** ist so alt wie die 1902 eröffnete U-Bahn-Linie und architektonisch anspruchsvoll gestaltet.

Warschauer Straße

▷ S- und U-Bhf. Warschauer Straße, U-Bhf. Schlesisches Tor

Cooler Sound aus altem Kühlhaus: Die deutsche Tochter des Musikkonzerns Universal sitzt seit 2002 an der Oberbaumbrücke

Gewagte Konstruktion: Topmodernes Hotel in der Media-Spree

Hafenstadt Berlin: Historische Lagerhäuser am Osthafen in Friedrichshain

Mittelalterliche Verkleidung: Die markanten Türme der Brücke sind Stadttoren aus der Mark Brandenburg nachempfunden

(Im Uhrzeigersinn von oben)

Olympiastadion

Als am 9. Juli 2006 das Endspiel der Fußballweltmeisterschaft im Olympiastadion stattfand, hatte sich endgültig der alte Geist verzogen, welcher der Arena noch anhaftete. Genau 70 Jahre zuvor war das Stadion in Havelnähe Austragungsort der Olympischen Spiele. Spiele und Stadion dienten damals der NS-Diktatur als internationale Bühne für ihre Propaganda. 1934–36 wurde der ovale Bau nach Entwürfen des Architekten Werner March im Stil der monumentalen NS-Architektur errichtet. Das benachbarte Maifeld für Massenaufmärsche und der 77 Meter hohe Glockenturm betonten deren Wirkung noch.
Zur WM 2006 wurde das Stadion für 75 000 Zuschauer aufwendig modernisiert und erhielt nach Plänen der Architekten von Gerkan, Marg & Partner ein neues Dach, welches am Marathontor unterbrochen ist. Im Dach verbirgt sich die hochmoderne Beleuchtungsanlage. Die Tartanbahn leuchtet in der Vereinsfarbe des Berliner Fußballklubs Hertha BSC – blau.
Neben dem Olympiastadion befinden sich ein Schwimm-, Hockey- und Reiterstadion. Die **Waldbühne**, in einer 30 Meter tiefen Schlucht gelegen, ist populärer Ort für sommerliche Open-Air-Konzerte.

Besucherzentrum
Olympischer Platz 3 (am Osttor)
Tel. 25 00 23 22; www.olympiastadion-berlin.de

▷ S- und U-Bhf. Olympiastadion

Für die Fußball-WM 2006 erstmals mit einem Dach versehen: Das Olympiastadion

Zur Olympiade 1936 in nationalsozialistischem Baustil entstanden: Deutschlands größtes Sportstadion

Beliebter Ort für Open-Air-Konzerte: Die Waldbühne

(Im Uhrzeigersinn von oben)

Pariser Platz

Vollständig neu bebaut wurde nach der Wiedervereinigung der Pariser Platz am → **Brandenburger Tor**. Dennoch gewinnt der Besucher den Eindruck, es habe hier nie einen Bruch mit der Vergangenheit gegeben.
Die von Josef Paul Kleihues entworfenen Neubauten, die das Tor flankieren, **Haus Sommer** und **Haus Liebermann**, ähneln den zerstörten Vorgängerbauten von Stüler.
Den Stil der Vergangenheit kopiert auch das **Hotel Adlon**. Die legendäre Luxusherberge wurde am traditionellen Standort neu erbaut.
An der Nordseite des Pariser Platzes beeindrucken das **Eugen-Gutmann-Haus** und die **Botschaft Frankreichs**, die von Christian de Portzamparc im Stil eines Palais entworfen wurde.
Die Südseite bilden die **Akademie der Künste** (neben dem Adlon), für die eine gläserne Fassade (Günther Behnisch) genehmigt wurde, das Haus der **DZ-Bank**, hinter deren strenger Fassade sich die phantasievolle Formensprache des weltberühmten Architekten Frank O. Gehry verbirgt, und schließlich die **Botschaft der USA**, die 2008 als letztes Haus am Platz eröffnet wurde (Moore, Ruble, Yudell).

Akademie der Künste
Pariser Platz 4
tgl. 10–22 Uhr
www.adk.de

Max Liebermann Haus
Pariser Platz 7
Tel. 22 63 30 30; www.stiftung.brandenburgertor.de

▷ S- und U-Bhf. Brandenburger Tor

Nobel: Das Hotel Adlon (links) neben der Akademie der Künste

Von oben: Adlon, Akademie, DZ-Bank und Botschaft der USA (von links) an der Südfront des Pariser Platzes

Expressiv: Innenhof der DZ-Bank

Weltberühmt: Brandenburger Tor mit den Nachbarhäusern Liebermann (rechts) und Sommer

(Im Uhrzeigersinn von links oben)

Pfaueninsel

Die Pfaueninsel ist ein verträumtes Eiland, das romantische Herzen höherschlagen lässt. Jeder Quadratmeter der Havelinsel westlich des Wannsees wurde künstlich gestaltet. Der berühmte Gartenarchitekt Peter Joseph Lenné schuf 1820–36 eine märchenhafte Landschaft, in der heute noch rund 60 Pfauen frei herumlaufen. Karl Friedrich Schinkel baute 1823 das Kavalierhaus mit der spätgotischen Fassade eines Patrizierhauses aus Danzig.
König Friedrich Wilhelm II. (1744–97) hatte die idyllische Insel als Erholungsort entdeckt und ließ für seine Jugendliebe und Mätresse Wilhelmine Encke (1752–1820) das weiße Schlösschen im Stil einer Ruine bauen. In dem pittoresken Liebesnest von 1794/95 ist die Wohnung des Monarchen samt Originalmöbeln zu sehen.
Von der Insel führt ein Uferweg entlang der Havel zu einem weiteren Anwesen der preußischen Herrscherfamilie: Das **Schloss Glienicke** gestaltete Schinkel 1825–27 für den Prinzen Carl von Preußen im Stil einer italienischen Villa. Eingebettet ist es in einen zauberhaften Park, der die Handschrift Lennés trägt. Vom Nebengebäude namens Casino hat man einen wunderschönen Blick auf die malerische Havellandschaft.

Pfaueninselchaussee 1
ganzjährig bis zur Dämmerung

▷ S-Bhf. Wannsee, dann Bus 218

Schloss Glienicke
Königstraße 36
Di–So 10–18 Uhr, Nov.–März Sa/So bis 17 Uhr

Beide: Tel. 80 58 67 50; www.spsg.de

▷ S-Bhf. Wannsee, dann Bus 316

Entworfen von Baumeister Schinkel: Das Kavalierhaus auf der Pfaueninsel

1795 im Norden des romantischen Eilands errichtet: Die Meierei mit dem gotischen Saal

Prächtiges Anwesen nahebei: Schloss Glienicke mit Brunnen im italienischen Stil

Romantisches Eiland inmitten der Havel: Pfaueninsel mit weißem Lustschloss

(Im Uhrzeigersinn von oben)

Potsdam

Potsdam, die einstige Residenzstadt der preußischen Krone und heutige Landeshauptstadt von Brandenburg, ist weltberühmt wegen der einzigartigen Kulturlandschaft aus der Zeit Friedrichs des Großen (1712–86). Mit **Schloss und Park Sanssouci** schuf sich der König ein Refugium vor den Toren Berlins, das seinem persönlichen Geschmack entsprach. Glanzvoller Höhepunkt ist das Schloss Sanssouci („Ohne Sorge") mit seinen geschwungenen Weinbergterrassen. Von Georg Wenzeslaus von Knobelsdorff 1745–47 errichtet, ist es ein Meisterwerk des Rokoko.

Der relativ bescheidene Palast prägte das Bild vom aufgeklärten Philosophenkönig Friedrich, dessen Grab sich neben seinem geliebten Schloss befindet.

Eine Kostbarkeit des Rokoko ist auch das **Chinesische Teehaus** aus dem Jahr 1756. Macht und Größe Preußens demonstriert das **Neue Palais**, welches der Monarch nach dem Siebenjährigen Krieg 1763–69 erbauen ließ. Das Ensemble der **Neuen Orangerie** entstand 1851–61 nach Vorbild der italienischen Renaissance.

Neben Sanssouci ist der **Neue Garten** die zweite Parkanlage der Hohenzollern. Am Heiligen See befinden sich das klassizistische **Marmorpalais** (1787–91) und das **Schloss Cecilienhof** (1913–17). Im letzten Bauwerk der preußischen Monarchie trafen sich die Siegermächte des Zwei-

Touristen-Information
Brandenburgische Straße 3
Tel. 0331/27 55 80; www.potsdamtourismus.de

Besucherzentrum Park Sanssouci
An der Orangerie 1
Tel. 0331/969 42 00; www.spsg.de

▷ S-Bhf. Potsdam Hbf.

Fast bescheiden: Schloss Charlottenhof im Park Sanssouci

Italienische Renaissance in Potsdam: Die Neue Orangerie

Glanzstück des deutschen Rokoko: Das Schloss Sanssouci, Domizil Friedrichs des Großen

Vergoldeter Gartenpavillon: Das Chinesische Teehaus im Schlosspark

(Im Uhrzeigersinn von oben)

ten Weltkrieges 1945 zur Potsdamer Konferenz. In der Innenstadt am Alten Markt wurde neben der imposanten **Nikolaikirche** (1830–50) von Karl Friedrich Schinkel das 1960 zerstörte ehemalige **Potsdamer Stadtschloss** wiederaufgebaut. Die in der Gestaltung leicht modifizierte frühbarocke Residenz (1664–70 erbaut) aus der Zeit des Großen Kurfürsten ist Sitz des Landesparlaments von Brandenburg.

Besonders charmant ist das **Holländische Viertel** in der Altstadt (Mittelstraße): 1732–42 entstand es für Einwanderer aus Holland ganz im Stil ihrer Heimat.

Die zentrale Einkaufsmeile Potsdams ist die Brandenburgische Straße. An deren westlichem Ende steht das **Brandenburger Tor** im Stil eines römischen Triumphbogens.

Importierter Baustil: Das Holländische Viertel sollte Handwerker aus dem Nachbarland nach Potsdam locken

Hier konferierten 1945 die Sieger des Zweiten Weltkrieges: Das Schloss Cecilienhof im Neuen Garten

Entree zur Altstadt: Potsdams Brandenburger Tor von 1770

Am Heiligen See: Das Marmorpalais im Neuen Garten

(Im Uhrzeigersinn von links oben)

Potsdamer Platz

Der Potsdamer Platz verkörpert das „Neue Berlin", jenen epochalen Sprung von der geteilten Mauerstadt zur offenen Metropole in der Mitte Europas. Zur Jahrtausendwende entstand in nur einer Dekade auf der riesigen Brache, die Kriegszerstörung und Mauerbau hinterlassen hatten, ein modernes, vitales Großstadtzentrum. Attraktionen sind ein Musicaltheater, eine Spielbank, Premierenkinos und eine Einkaufspassage. Viel bevölkert ist die „Piazza" im **Sony Center**, die durch ein zeltartiges Dach wettergeschützt ist. Die spektakuläre Stahl-Glas-Konstruktion, eine Meisterleistung des Architekten Helmut Jahn, schwebt wie ein riesiger Regenschirm über fünf Häusern. Nachts leuchtet das Gebilde in bunten Bonbonfarben. Einen reizvollen Kontrast dazu bilden die Säle aus der Belle Époque, die an der Piazza hinter Glas zur Schau gestellt werden. Sie gehörten einst zum 1908 erbauten Luxushotel Esplanade.
Mit Filmfestspielen (Berlinale), **Boulevard der Stars** und **Filmmuseum** ist der Potsdamer Platz die erste Adresse für Cineasten. Die Marlene-Dietrich-Sammlung zeigt den Nachlass der weltberühmtem Diva (1901–92) aus Berlin. Aktuelle Leinwandstars übernachten gern im Hotel Ritz-Carlton, dem Flaggschiff des noblen **Beisheim Centers** im Stil des Art déco am Nordrand des Potsdamer Platzes.
Auf dem Potsdamer Platz steht die Replik der

Theater am Potsdamer Platz und **Spielbank**
Marlene-Dietrich-Platz 1

Museum für Film und Fernsehen
Potsdamer Straße 2
Di–So 10–18 Uhr, Do bis 20 Uhr
Tel. 300 90 30; www.deutsche-kinemathek.de

▷ S- und U-Bhf. Potsdamer Platz

Hoch hinaus: Drei Türme am Potsdamer Platz, Bauten der Jahrtausendwende

Unvergessen: Stern für Marlene Dietrich im Boulevard der Stars

Showbühne: Marlene-Dietrich-Platz mit Musicaltheater und Spielbank

Grandios: Das atemberaubende Dach des Sony Centers leuchtet in poppigen Farben

(Im Uhrzeigersinn von links oben)

ersten Verkehrsampel Berlins (1924). Von diesem Turm aus wurde der Verkehr auch in Richtung des benachbarten **Leipziger Platzes** geregelt. Dessen achteckige Anlage geht auf das Jahr 1734 zurück und besticht durch elegante Gegenwartsarchitektur.
In der Leipziger Straße 3/4 befindet sich der **Deutsche Bundesrat**. Die Länderkammer tagt in einem historischen Plenargebäude (1901–04 erbaut), dem ehemaligen Sitz des Preußischen Herrenhauses.

Einst Symbol für das temporeiche Berlin: Verkehrsampel von 1924

Hier logieren Filmstars und VIPs aus aller Welt: Das Ritz-Carlton (links) im Beisheim Center

Tagungsort des Deutschen Bundesrates: Das ehemalige Preußische Herrenhaus

Einst von der Berliner Mauer durchschnittenes Brachland, jetzt Stadt in der Stadt: Der Potsdamer Platz

(Im Uhrzeigersinn von links oben)

BAHNHOF POTSDAMER PLATZ

BUNDESRAT

Regierungsviertel

Das politische Herz Deutschlands schlägt im Spreebogen nördlich vom → **Tiergarten**. **Bundestag** und **Bundeskanzleramt** bilden hier ein städtebauliches Ensemble, das zur Jahrtausendwende entstand. Die eindrucksvollen Neubauten des Regierungsviertels reihen sich direkt neben dem altehrwürdigen → **Reichstagsgebäude** aneinander.

Das im Mai 2001 bezogene Kanzleramt am Ufer der Spree gehört zu den architektonisch herausragenden Bauwerken Berlins. Die 36 Meter hohe Front des Ehrenhofes erinnert mit ihren unkonventionellen Säulen an ein expressives Bühnenbild. Riesige Öffnungen zu beiden Seiten des Haupthauses geben der Machtzentrale einen transparenten Charakter. In den langen Seitenflügeln sind 310 Büros für die Mitarbeiter des Regierungschefs untergebracht. Den Komplex mit Park diesseits der Spree entwarfen Axel Schultes und Charlotte Frank.

Von den beiden Architekten stammt auch die Anordnung für die übrigen Großbauten des Bundestages: das **Paul-Löbe-Haus** (neben dem Reichstagsgebäude) und das **Marie-Elisabeth-Lüders-Haus** (auf der gegenüberliegenden Seite der Spree). Wo die Parlamentsgebäude den Fluss überbrücken, zeigen sie eine heitere, verspielte Seite. Der Uferweg bietet dem Passanten ein reizvolles Stadtpanorama. Die Häu-

Bundestag
Besucherdienst
Platz der Republik 1
Tel. 22 73 21 52; www.bundestag.de

Bundeskanzleramt
Willy-Brandt-Straße 1
www.bundesregierung.de

▷ U-Bhf. Bundestag

Spektakulär: Die Schaufront des Bundeskanzleramtes

Treppe zur Macht: Aufgang zu den Chefetagen im zentralen Block des Kanzleramtes

Große Runde: Kabinettsaal in der sechsten Etage des Kanzleramtes

Die Macht an der Spree: Paul-Löbe-Haus (rechts) und Reichstagsgebäude

(Im Uhrzeigersinn von links oben)

ser, in denen Sitzungssäle der Ausschüsse und die Bundestags-Bibliothek untergebracht sind, entwarf Stephan Braunfels. Zum Bundestag gehört auch das **Jakob-Kaiser-Haus**, ein Komplex aus mehreren Gebäuden beiderseits der Dorotheenstraße.
Ein Kuriosum im Regierungsviertel ist die **Botschaft der Schweiz**, die seit 1919 an der Otto-von-Bismarck-Allee 4 residiert. Die Vertretung der Eidgenossen überstand alle historischen Umbrüche Berlins und ist nun Nachbar des Bundeskanzleramtes. Den Altbau von 1870 erweiterten die Baseler Architekten Diener & Diener.

Große Bühne der Politik: Das Marie-Elisabeth-Lüders-Haus am Nordufer der Spree

Aufgereiht zum „Band des Bundes": Kanzleramt, Löbe-Haus und Lüders-Haus (von oben)

Ohne Berührungsängste: Berlin geht gelassen um mit der Politik – wie am Spreeufer vor dem Kanzleramt

(Im Uhrzeigersinn von links oben)

Berliner Mauerweg

Corona Extra

Reichstagsgebäude

Das im → **Regierungsviertel** gelegene Reichstagsgebäude, nur wenige Schritte vom → **Brandenburger Tor** entfernt, ist das Symbol der Hauptstadt Berlin. Seit dem 19. April 1999 tagt der Deutsche Bundestag in dem Parlamentshaus aus der Kaiserzeit. Zuvor wurde das rund 120 Jahre alte Gebäude umgebaut und modernisiert, damit die Abgeordneten nach 50 Jahren in Bonn an die Spree ziehen konnten.
Eine vielbesuchte Attraktion des Gebäudes ist die neue Kuppel auf dem Dach des Reichstagsgebäudes. Das 800 Tonnen schwere Bauwerk aus Stahl und Glas ist begehbar. Über zwei spiralförmige Rampen gelangt man zu einer 40 Meter hohen Aussichtsplattform. Auf dem Dach des Reichstagsgebäudes befindet sich zudem ein Besucherrestaurant.
Den rund 300 Millionen Euro teuren Umbau plante der britische Architekt Sir Norman Foster. Er legte Wert auf eine ökologische Bauweise. So hat der riesige Spiegelzylinder in der Mitte der Kuppel die Aufgabe, Licht in den darunterliegenden Plenarsaal zu leiten.
Gebaut wurde das Parlamentshaus 1884–94 nach Plänen von Paul Wallot. Der Reichstagsbrand vom Februar 1933 zerstörte das Gebäude.

Platz der Republik 1
Kuppel: tgl. 8–22 Uhr
Besucherdienst
Tel. 22 73 21 25; www.bundestag.de

▷ U-Bhf. Bundestag

Sitz des Deutschen Bundestages: Das Reichstagsgebäude, in wilhelminischer Zeit erbaut

Eines der meistbesuchten Highlights der Hauptstadt: Die gläserne Kuppel des Reichstages

Vom Ende des Zweiten Weltkrieges: Inschriften sowjetischer Soldaten in den Wandelgängen des Gebäudes

Hightech in historischem Gemäuer: Plenarsaal im umgebauten Reichstag

(Im Uhrzeigersinn von links oben)

Schloss Bellevue

Spreeweg 1 lautet die Postanschrift des Bundespräsidenten. Spreeweg 1 ist auch Adresse des Schlosses Bellevue, seit den 1950er Jahren die Berliner Dependance des Staatsoberhauptes und seit 1994 erster und einziger Amtssitz des Bundespräsidenten.

Erbaut wurde die dreiflügelige Anlage am oberen Westrand des → **Tiergartens** für den jüngsten Bruder Friedrichs des Großen, den Prinzregenten Ferdinand von Preußen. Philipp Daniel Boumann lieferte den Entwurf für das klassizistische Palais, das 1785/86 erbaut wurde. Die Fassade entspricht noch dem Original, während die Innenräume beim Wiederaufbau nach dem Zweiten Weltkrieg umgestaltet wurden.

100 Meter südlich des Schlosses arbeiten die Mitarbeiter des Präsidenten in einem Neubau. Martin Gruber und Helmut Kleine-Kraneburg entwarfen das Gebäude mit der dunklen, graugrünen Natursteinfassade. Wegen seiner ovalen Grundform wird das nur 15 Meter hohe **Bundespräsidialamt** „Präsidenten-Ei“ genannt. Durch die außergewöhnliche Form zeigen alle Bürofenster nach außen zum Park.

Spreeweg 1
www.bundespraesident.de

▷ S-Bhf. Bellevue, Bus 100

Einst Residenz des preußischen Adels, jetzt Amtssitz des Bundespräsidenten: Schloss Bellevue

Mitten im Grünen: Schloss und Schlosspark sind idyllisch im Tiergarten gelegen

„Präsidentenei": Die Mitarbeiter des Staatsoberhauptes haben im Präsidialamt unweit des Schlosses ihre Büros

(Im Uhrzeigersinn von oben)

Schloss Charlottenburg

Nicht weit von der City-West entfernt liegt die größte Schlossanlage Berlins. Das barocke Schloss Charlottenburg spiegelt facettenreich die Geschichte des Herrscherhauses Hohenzollern wider. Rund um die preußische Residenz findet man zudem auch hochkarätige Kunstmuseen der klassischen Moderne.

1695–99 wurde der elf Fensterachsen breite zentrale Mittelbau des Schlosses von Johann Arnold Nering erbaut. Genutzt wurde das Bauwerk als Sommerdomizil für die Namensgeberin Kurfürstin Sophie Charlotte (1668–1705). Von 1701 bis 1712 wurde das Palais durch Baumeister Johann Friedrich Eosander von Göthe erweitert; es entstanden der markante Turmbau, die beiden Seitenflügel am Ehrenhof sowie, westlich davon, die Orangerie.

Der preußische König Friedrich der Große (1712 bis 86) fügte als östliches Pendant den Neuen

Spandauer Damm 10–22
Altes Schloss: Di–So 10–18 Uhr, Nov.–März bis 17 Uhr
Neuer Flügel: Mi–Mo 10–18 Uhr, Nov.–März bis 17 Uhr
Tel. 32 09 11; www.spsg.de

Museum Berggruen
Schloßstraße 1

Sammlung Scharf-Gerstenberg
Schloßstraße 70
Di–So 10–18 Uhr

Beide: Tel. 266 42 42 42; www.smb.museum.de

Bröhan-Museum
Schloßstraße 1a
Di–So 10–18 Uhr
Tel. 32 69 06 00; www.broehan-museum.de

▷ U-Bhf. Richard-Wagner-Platz, Bus M 45

Majestätische Residenz der Könige Preußens: Schloss Charlottenburg

Barock vom Feinsten: Palast und Park ergänzen sich zu einem kunstvollen Ensemble

Üppige Sammlung der Monarchen: Das Porzellankabinett ist ein Glanzlicht des Charlottenburger Schlosses

(Im Uhrzeigersinn von oben)

Flügel (1740–46) nach einem Entwurf von Wenzeslaus von Knobelsdorff hinzu. Zuletzt wurde an die Orangerie ein Theater (1788–91) angebaut. Es stammt von Carl Gotthard Langhans.

Die Säle des Schlosses sind variationsreich in den Stilen des Barock, Rokoko und Klassizismus ausgestattet. Barocke Gartenkunst genießt man im Schlosspark. Auf dem weitläufigen Areal verbirgt sich das **Mausoleum**, in dem u. a. das Grabmonument der populären Königin Luise (1776–1810) zu sehen ist. Das von Andreas Schlüter um 1700 geschaffene **Reiterstandbild des Großen Kurfürsten** im Ehrenhof gilt als eines der bedeutendsten Reiterdenkmale des Barock.

Vis-à-vis dem Palast befinden sich in der Schloßstraße drei herausragende Museen: das **Museum Berggruen** mit großer Picasso-Sammlung, die **Sammlung Scharf-Gerstenberg** mit Malerei der klassischen Moderne und des Surrealismus sowie das **Bröhan-Museum**, in dem Kunsthandwerk des Jugendstil, Art déco und Funktionalismus zu sehen ist.

Meisterwerk von Christian Daniel Rauch: Die Grabskulptur „Königin Luise" im Mausoleum

Hoch zu Ross: Reiterstandbild des Großen Kurfürsten im Ehrenhof des Schlosses

Modernes Interieur in altem Bau: Treppenhaus im Museum Berggruen

Zu Gast im Stüler-Bau vis-à-vis vom Schloss: Das Museum Berggruen mit hochkarätiger Picasso-Sammlung

(Im Uhrzeigersinn von links oben)

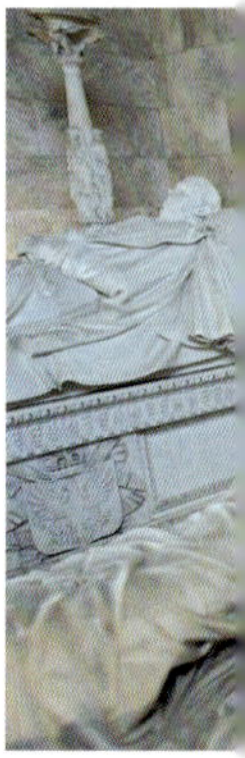

Schloss Köpenick

Für Schlossliebhaber lohnt sich die Reise in den Berliner Außenbezirk Köpenick. Das Schloss am Rande der Altstadt ist das bedeutendste Bauwerk in Berlin aus der Zeit des Großen Kurfürsten (1620–88). Ausgebaut wurde es 1677–90 für dessen Thronfolger Friedrich III. (1657–1713), den späteren ersten König Preußens. Baumeister Rutger van Langervelt entwarf den Palast auf einer Halbinsel im Stil des holländischen Barock. Vis-à-vis entstand 1685 die barocke Schlosskirche von Johann Arnold Nering.
In dem heute als **Kunstgewerbemuseum** genutzten Schloss beeindrucken insbesondere der Schatz der Hohenzollern und der reichverzierte Wappensaal aus dem Jahr 1685.
1730 fand im Schloss ein spektakulärer Prozess statt: Kronprinz Friedrich (1712–86), später als König „der Große" genannt, stand wegen seiner geplanten Flucht nach England als Deserteur vor dem Militärgericht. Er wurde begnadigt, während man seinen Freund und Helfer, Leutnant von Katte, vor seinen Augen in Küstrin hinrichtete. Bekannt wurde Köpenick durch das Schelmenstück des Schusters Wilhelm Voigt, der 1906 in gekaufter Militäruniform die Kasse des **Rathauses** konfiszierte. Am Tatort wird an den berühmten Hauptmann von Köpenick in einer Ausstellung erinnert.

Kunstgewerbemuseum
Schlossinsel 1
Di–So 10–18 Uhr
Tel. 266 42 42 42; www.smb.museum

Rathaus Köpenick
Alt-Köpenick 21
Mo–Fr 10–18 Uhr

▷ S-Bhf. Köpenick o. Spindlersfeld, dann Tram 60, 62

Auf einer Halbinsel nahe der Köpenicker Altstadt gelegen: Schloss Köpenick

Köpenicker Kultfigur: Der Hauptmann von Köpenick wird mit einer Skulptur am Rathaus geehrt

Wappensaal mit Porzellan Friedrichs des Großen: Das Schloss wird als Kunstgewerbemuseum genutzt

(Im Uhrzeigersinn von oben)

Siegessäule

Die Siegessäule auf dem **Großen Stern** ist neben dem Brandenburger Tor und dem Fernsehturm das bekannteste Wahrzeichen Berlins. Seine heutige Berühmtheit hat der 69 Meter hohe Zylinder nicht zuletzt der Love Parade zu verdanken, deren Abschlussparty viele Jahre lang auf dem Platz vor der Siegessäule stattfand.
Dabei war die Siegessäule ursprünglich kriegerischen Taten gewidmet. Das von Johann Heinrich Strack entworfene Monument (erbaut 1865–73) erinnert an die Siege Preußens in den Jahren 1864, 1866 und 1870/71 gegen Dänemark, Österreich und Frankreich. Mit vergoldeten Geschützrohren ist deshalb der Säulenschaft verziert. Das farbige Mosaik von Anton von Werner im Säulenumgang glorifiziert den Krieg gegen Frankreich und die deutsche Reichsgründung 1871.
Auch bei der 8,32 Meter hohen geflügelten Siegesgöttin, gestaltet von Friedrich Drake, ist die heroische Pose unverkennbar. Die Berliner haben mit den nationalen Gesten allerdings nicht mehr viel am Hut – und nennen die Victoria respektlos „Goldelse". 285 Stufen sind zu bewältigen, um ihr auf der Spitze der Säule einen Besuch abzustatten. Von oben hat man einen herrlichen Blick auf den größten Park Berlins, den → **Tiergarten**, und auf das benachbarte → **Schloss Bellevue**.

Großer Stern
Apr.–Okt. Mo–Fr 9.30–18.30 Uhr, Sa/So bis 19 Uhr; Nov.–März Mo–Fr 10–17 Uhr, Sa/So bis 17.30 Uhr

▷ Bus 100

Symbole der Reichsgründung: Bismarck-Denkmal von 1901 und Siegessäule

Blick über den Tiergarten: Die Siegessäule vor Bundespräsidialamt und Schloss Bellevue

Preußens glorreiche Siege: Reliefs am Sockel der Säule erinnern an die Schlachten des 19. Jahrhunderts

(Im Uhrzeigersinn von links oben)

Tempelhofer Flugfeld

Er ist eine Legende und schrieb Geschichte im zivilen Flugverkehr: Der ehemalige **Flughafen Tempelhof** ist der Urahn aller Flughäfen in Deutschland. 1923 eröffnet, war er bald darauf verkehrsreichster Airport in Europa. Der heutige Komplex entstand 1936–41 nach Plänen von Ernst Sagebiel. Die gigantische Anlage ist architektonisches Zeugnis der NS-Zeit.
Während der Blockade des Westteils von Berlin 1948/49 landeten hier fast im Minutentakt die „Rosinenbomber", mit denen die westlichen Alliierten die eingeschlossene Halbstadt versorgten. Das Luftbrücken-Denkmal am Vorplatz erinnert an die historische Hilfe.
Im Herbst 2008 endete endgültig der Flugbetrieb. Das Monument der modernen Luftfahrt wird seitdem für große Events und Modemessen genutzt. Das weitläufige Flugfeld ist die größte Freifläche Berlins, und die ehemaligen Start-, Lande- und Rollbahnen sind ein Mekka für Radfahrer, Flaneure und Kite-Skater.
Im Norden grenzt ein typisches Berliner Quartier mit Mietshäusern aus der Gründerzeit an das Flugfeld. Entlang der **Bergmannstraße** und am **Marheinekeplatz** trifft sich die Großstadt-Szene in Cafés und Restaurants. Am Columbiadamm liegt die größte Moschee Berlins: Die im klassisch-osmanischen Stil gestaltete **Sehitlik-Moschee** wurde 2005 fertiggestellt. Die zwei Minarette ragen 33 Meter in die Höhe.

Platz der Luftbrücke

▷ U-Bhf. Platz der Luftbrücke

Sehitlik-Moschee
Columbiadamm 128
Tel. 692 11 18; www.sehitlik-camii.de

▷ Bus 104

Fußvolk statt Flugzeuge: Ehemalige Rollbahn des Tempelhofer Flughafens

Heute wird hier nur noch am Boden gesegelt: Windskater auf dem Flugfeld

Der Islam gehört zu Berlin: Die Sehitlik-Moschee am türkischen Friedhof nahe des Flughafengeländes

Ausgeflogen: Am Terminal des City-Airports herrscht seit 2008 Ruhe

(Im Uhrzeigersinn von links oben)

NEILPRYDE

Tiergarten

Berlin ist eine besonders grüne Metropole. Größter und zugleich ältester Park der Stadt ist der Tiergarten. Um diese zentral gelegene Oase mit der enormen Ausdehnung von 210 Hektar gruppieren sich zahlreiche Sehenswürdigkeiten. Die 500 Jahre alte Grünfläche diente bis 1718 als Jagdrevier des Adels. Unter Friedrich dem Großen (1712–86) wurde das Wildgehege in einen Park umgewandelt. Das charakteristische naturnahe Erscheinungsbild des Tiergartens geht auf die Gestaltung durch den Gartenkünstler Peter Joseph Lenné zurück: 1833–39 schuf er einen Volkspark im englischen Stil. Aus der Nachkriegszeit stammen verwunschene Rhododendron-Haine.
Barocke Anlagen aus der Zeit Friedrichs des Großen sind der Floraplatz und der Goldfischteich südwestlich des → **Brandenburger Tores**. Die Amazone zu Pferde auf dem Floraplatz wurde 1906 aufgestellt. Gleich alt ist das Musikerdenkmal am Teich zu Ehren von Beethoven, Haydn und Mozart. Zauberhaft arrangiert ist die Luiseninsel mit dem Denkmal für die charismatische Königin Luise, 1880 aufgestellt. Am Südrand des Parks steht auch das imposante Wagner-Denkmal (1903). An der Ebertstraße ist das Goethe-Denkmal (1880) zu finden und am Großen Stern die → **Siegessäule**.
Ein Monument der Moderne ist das **Haus der Kulturen der Welt** am Nordrand des Parks. Die

Bauhaus-Archiv
Klingelhöferstraße 14
Mi–Mo 10–17 Uhr
Tel. 254 00 20; www.bauhaus.de

▷ Bus 100, 200
▷ Park: S-Bhf. Tiergarten o. Bellevue, S- und U-Bhf. Brandenburger Tor

Eine riesige Oase mitten in der Stadt: Der Tiergarten

Neobarock: Musikerdenkmal von Rudolf Siemering

Ein Höhepunkt der Gartenkunst: Die Luiseninsel am Südrand des Parks

Nachbildung: „Amazone zu Pferde" von Tuaillon auf dem Floraplatz – das Original steht auf der Museumsinsel

(Im Uhrzeigersinn von links oben)

Kongresshalle an der John-Foster-Dulles-Allee aus dem Jahr 1957 entwarf US-Architekt Hugh Stubbins.
Südlich des Parks erstreckt sich das **Tiergarten-viertel**. Um 2000 entstand hier ein Quartier für Botschaften mit extravaganter Architektur aus aller Welt. Das **Bauhaus-Archiv** am Landwehrkanal informiert über das epochale Wirken der Kunstschule, die 1919–33 bestand. Bauhaus-Gründer Walter Gropius entwarf das Museum, das Architektur, Design und Kunst aus der Ideenschmiede zeigt.

„Schwangere Auster": Das Haus der Kulturen der Welt mit der Plastik „Large Butterfly" von Moore

Von Walter Gropius selbst entworfen: Das Bauhaus-Archiv

Orientalische Exotik im Tiergartenviertel: Die Botschaft der Vereinigten Arabischen Emirate

Spektakuläre Fassade: Die Gesandtschaft Mexikos

(Im Uhrzeigersinn von oben)

Unter den Linden

Prachtboulevard der Hauptstadt und herrschaftliches Herz der früheren Preußenmetropole: Die Straße Unter den Linden ist die älteste Flaniermeile der Stadt und reicht vom → **Brandenburger Tor** bis zu Schlossbrücke und → **Berliner Dom**. Die ersten Bäume wurden 1647 auf Order des Großen Kurfürsten (1620–88) gepflanzt. Die Mittelpromenade der 60 Meter breiten Straße endet im Osten am **Reiterstandbild Friedrichs des Großen** (1840–51 von Christian Daniel Rauch). Dem „Alten Fritz" ist der Ausbau der „Linden" zur majestätischen Achse zu verdanken.

Nach 1740 entstand am heutigen Bebelplatz das **Forum Fridericianum**: die Staatsoper, die katholische Hedwigskathedrale, die Königliche Bibliothek und das Vorgängerpalais der Humboldt-Universität. Die **Staatsoper** (1742 von Knobelsdorff) wurde nach einem Brand 1843 durch Carl Ferdinand Langhans d. J. erweitert. Nach dem Vorbild des Pantheons in Rom gestaltet ist die **Hedwigskathedrale** des Bistums Berlin (1747–73). Die geschwungene **Königliche Bibliothek** (1780) ist heute Institutsgebäude. 1766 kam das Palais eines Bruders von Friedrich II. hinzu, seit 1810 Sitz der **Humboldt-Universität**.

Bereits vor diesem Bauboom entstand das **Zeug-**

Deutsches Historisches Museum
Unter den Linden 2
tgl. 10–18 Uhr
Tel. 20 30 44 44; www.dhm.de

St.-Hedwigs-Kathedrale
Bebelplatz
Mo–Sa 10–17 Uhr, So 13–17 Uhr
Tel. 203 48 10; www.hedwigs-kathedrale.de

▷ S- und U-Bhf. Brandenburger Tor, Bus 100, 200

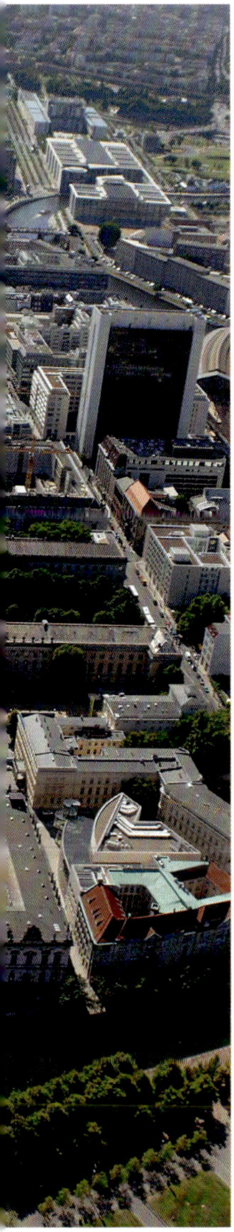

Preußens Prachtmeile: Die „Linden" verlaufen vom Lustgarten (rechts vorn) bis zum Brandenburger Tor

Preußens berühmtester Herrscher: Reiterstandbild Friedrichs des Großen

Preußens Gäste: Auf der Mittelpromenade kann man unter Linden eine Pause einlegen

Preußens erstes freistehendes Bühnenhaus: Die Staatsoper Unter den Linden

(Im Uhrzeigersinn von links oben)

haus (1695–1731 von Andreas Schlüter u. a.). Der Barockbau an der Schlossbrücke, heute Domizil des **Deutschen Historischen Museums**, erhielt 2003 einen Anbau des Amerikaners Ieoh Ming Pei. Neben dem Zeughaus steht die **Neue Wache** von Karl Friedrich Schinkel (1818), heute nationale Gedenkstätte mit einer Pietà von Käthe Kollwitz. Von Schinkel stammt auch die 1824 eingeweihte **Schlossbrücke** mit den acht Marmorstatuen, die am Ende der Linden zur Spreeinsel führt. Sehenswert sind außerdem das **Kronprinzenpalais** (Nr. 3), 1857 klassizistisch umgebaut, und die **Alte Staatsbibliothek** (Nr. 8) von Ernst von Ihne, 1914 eröffnet. Ein Prachtbau der Nachkriegszeit ist die **Russische Botschaft** (Nr. 55–65), ein Erbe der ehemaligen Sowjetunion.

Zwei in einem: Das Deutsche Historische Museum besteht aus Pei-Anbau von 2003 und Zeughaus

Benannt nach den Brüdern Alexander und Wilhelm von Humboldt: Berlins älteste Universität

Heute Zentrale Gedenkstätte für die Opfer von Krieg und Gewaltherrschaft: Die Neue Wache von Schinkel

Wegen ihrer Form „Kommode" genannt: Königliche Bibliothek am Bebelplatz, heute Teil der Universität

(Im Uhrzeigersinn von links oben)

ALEXANDER
VON
HUMBOLDT
AL SEGUNDO DESCUBRIDOR DE CUBA
LA UNIVERSIDAD DE LA HABANA 1939

Wilhelmstraße

In der Wilhelmstraße, die vom → **Regierungsviertel** aus nach Süden verläuft, war einst die Staatsführung Deutschlands angesiedelt. Seit der Bismarck-Ära Regierungsviertel, wurde das Areal von den Herrschern der NS-Diktatur zu ihrem Machtzentrum ausgebaut.
Zeugnis dieser dunklen Epoche ist der riesige Bürokomplex südlich der Leipziger Straße: 1935/36 nach Plänen von Ernst Sagebiel als Reichsluftfahrtministerium erbaut, in dem Deutschland den Krieg vorbereitete, dient der Koloss heute als **Detlev-Rohwedder-Haus** dem Bundesministerium der Finanzen.
Auf dem Nachbargelände befand sich die Zentrale der SS und der Gestapo. In den teilweise noch erhaltenen Kellerräumen wurden politische Häftlinge eingesperrt. Das Dokumentationszentrum **Topographie des Terrors** informiert über das Regime der Jahre 1933–45.
Der erhaltene Abschnitt der Berliner Mauer entlang der Niederkirchnerstraße macht den Zusammenhang zwischen dem Zweiten Weltkrieg und der daraus folgenden Teilung Deutschlands deutlich.
Im **Martin-Gropius-Bau** (1877–81), kunstvoll geschmückt mit Mosaiken und Terrakotta, finden wechselnde Ausstellungen statt.

Topographie des Terrors
Niederkirchnerstraße 8
tgl. 10–20 Uhr
Tel. 25 45 09 50; www.topographie-des-terrors.de

Martin-Gropius-Bau
Niederkirchnerstraße 7
Mi–Mo 10–19 Uhr
Tel. 25 48 60; www.gropiusbau.de

▷ U-Bhf. Mohrenstraße

Erbe des DDR-Regimes: Reste der Berliner Mauer an der Niederkirchnerstraße

Erbe des Hitler-Regimes: Das Detlev-Rohwedder-Haus beherbergt das Bundesfinanzministerium

Dokumentationszentrum zum mörderischen System der NS-Gewaltherrschaft: Topographie des Terrors

Einmaliges Baudenkmal: Der Martin-Gropius-Bau

(Im Uhrzeigersinn von links oben)

Zitadelle Spandau

Die einzige erhaltene Renaissance-Festung in Nordeuropa befindet sich in Spandau – zur Entstehungszeit der Anlage noch eine eigenständige Stadt vor den Toren Berlins.
Die Zitadelle Spandau, der älteste Profanbau Berlins, entstand in ihrer heutigen Form im 16. Jahrhundert, einzelne Teile sind jedoch noch älter. So datiert der Juliusturm bereits aus dem frühen 13. Jahrhundert, der Palas, das Wohngebäude, aus dem 14. Jahrhundert. Zudem sind Ausgrabungen des Vorgängerbaus – einer slawischen Burg aus dem 11. Jahrhundert – zu sehen. Baukünstler Karl Friedrich Schinkel schmückte den 30 Meter hohen Turm 1838 mit dem Zinnenkranz.
Die mächtigen Bauwerke an der Mündung der Spree in die Havel sollten den Handelsweg vom Rheinland über Magdeburg durch Spandau nach Polen sichern. Kurfürst Joachim II. Hektor (1535–71) beschloss den Ausbau zur Zitadelle, um die aufstrebende Stadt Berlin zu schützen. Rochus Graf zu Lynar, ein Spezialist für Festungsbauten, leitete ab 1578 die Arbeiten. Die seinerzeit hochmoderne Trutzburg mit den vier spitzwinkeligen Bastionen an den Ecken wurde nur einmal in direkte Kampfhandlungen verwickelt: 1813 verschanzten sich hier Truppen Napoleons und wurden von Einheiten Preußens beschossen.
Heute wird die vollständig vom Wasser eingeschlossene Zitadelle kulturell genutzt. Auf dem Gelände befinden sich auch Museen zur Geschichte der Festung und zu Spandau.

Am Juliusturm 64
tgl. 10–17 Uhr
Tel. 345 94 40; www.zitadelle-spandau.de

▷ U-Bhf. Zitadelle

Speisen im rustikalen Ambiente: Die „Zitadellen Schänke"

Zeugnis der Renaissance: Fürstenzimmer im Torhaus der Zitadelle

Malerisch: Zugang zur Zitadelle mit mittelalterlichem Juliusturm

Ältester weltlicher Bau Berlins: Die Spandauer Zitadelle

(Im Uhrzeigersinn von links oben)

Zoologischer Garten

Der Berliner liebstes Kind: Pandabär im Zoologischen Garten

Attraktiver Eingang zum Zoo: Das Elefantentor

Viel Platz: Die Giraffen bewegen sich in einem weitläufigen Freigehege

Ultramoderne Unterkunft: Das Nilpferdhaus

(Im Uhrzeigersinn von links oben)

Der Berliner hat ein besonders inniges Verhältnis zu Tieren. Kein Wunder, dass der traditionsreiche Zoologische Garten mitten in der City-West liegt. Rund 17 000 Tiere tummeln sich auf einem 34 Hektar großen Areal gleich neben dem gleichnamigen Bahnhof und der → **Gedächtniskirche**. Mit 1552 Arten (einschließlich **Aquarium**) gehört der Zoo zu den artenreichsten und interessantesten Tierparks der Welt. Unvergessen ist der Eisbär Knut (2006–11), der nach seiner Geburt im Gehege weltberühmt wurde. Das Tierreich wurde 1844 auf Initiative der Naturforscher Alexander von Humboldt und Martin Lichtenstein gegründet und war damit der erste Zoo Deutschlands. Mit Hilfe des Gartenkünstlers Peter Joseph Lenné und namhafter Baumeister entstand ein attraktives Gelände mit Antilopenhaus (1872) und Persischem Turm (1910) für pferdeartige Tiere. Die Eingänge, das **Löwentor** am Hardenbergplatz und das **Elefantentor** an der Budapester Straße, sind kleine Kunstwerke aus der Zeit um 1900.

Budapester Straße 32
Hardenbergplatz 8
26. März–14. Okt. tgl. 9–19 Uhr; 15. Okt.–25. März tgl. 9–17 Uhr

Aquarium
Budapester Straße 32
tgl. 9–18 Uhr

Tel. 25 40 14 00; www.zoo-berlin.de

▷ S- und U-Bhf. Zoologischer Garten, Bus 100

Service

VORWAHL BERLIN

Für alle Anrufe von außerhalb Berlins gilt die Vorwahl: 030.

BERLIN-INFO

Die beste und ausführlichste Internetseite zu Berlin ist das Portal der Hauptstadt: www.berlin.de. Die auch in englischer Sprache abrufbare Website bietet Informationen zu Hotels, Unterkünften, Veranstaltungen, Verkehr und vielem mehr.
Ausführliche Informationen und direkte Hilfe (etwa Buchungen von Hotels oder Busfahrten) bekommt man bei Berlin Tourist unter: www.visitberlin.de (mehrsprachig). Auch per Telefon können Informationen abgefragt, Tickets gekauft oder Unterkünfte gebucht werden: Tel. 25 00 25.
Es gibt ferner drei Büros der „Berlin Tourist Info" für den Publikumsverkehr: am Brandenburger Tor (südliches Torhaus, Pariser Platz, tgl. 10–18 Uhr, Apr.–Okt. verlängert), im Hauptbahnhof (Eingang Europaplatz, tgl. 8–22 Uhr) und in der City-West (Neues Kranzler-Eck, Kurfürstendamm 22, Mo–Sa 10–20 Uhr, So 10–18 Uhr).

HOTELSUCHE

Neben Berlin Tourist und der Internetseite www.berlin.de (siehe Berlin-Info) hilft auch die Website www.berlin-hotelverzeichnis.de bei der Auswahl und Buchung einer passenden Unterkunft.
Das Angebot ist in Berlin in allen Zimmerkategorien sehr groß. Die Preise sind im Vergleich zu anderen Metropolen moderat bis sehr günstig (im Schnitt 60 Euro pro Einzelzimmer).

BERLIN AKTUELL

Die beiden Stadtmagazine Tip und Zitty veröffentlichen alle 14 Tage das komplette Unterhaltungsprogramm der Stadt (Kultur, Kino, Musik, Nachtleben etc.). Die Informationen inklusive ausführlichen Adressverzeichnissen (mit Restaurants) sind auch im Internet unter www.tip-berlin.de und www.zitty.de zu finden. Gute Programmübersichten und Tipps zum Nachtleben, zu Clubs usw. bieten auch die Seiten www.berlin030.de und www.berlinonline.de.

TICKETS

Über die Internetseiten www.berlin.de (Kultur & Tickets) und www.berlinonline.de lassen sich Tickets zu kulturellen Veranstaltungen bestellen.
Karten gibt es auch u. a. in den Shops von Berlin Tourist (siehe Berlin-Info), bei Hekticket (Karl-Liebknecht-Straße 12, 10178, Mitte, Tel. 230 99 30, www.hekticket.de), im Bahnhof Alexanderplatz im Erdgeschoss (Dircksenstraße, 10178, Mitte) und bei Ber-ticket.de im Bahnhof Friedrichstraße (Ausgang Reichstagufer, 10177, Mitte, Tel. 22 48 73 25).

ERSTE HILFE, FUNDBÜROS

Polizei/Notruf: Tel. 110; Feuerwehr/Notfall-Rettung: Tel. 112; Ärztlicher Bereitschaftsdienst/Apothekennotdienst: Tel. 31 00 31; Telefonauskunft: Tel. 118 33; Zentrales Fundbüro (Platz der Luftbrücke 6, 12101, Tempelhof): Tel. 75 60 31 01; BVG-Fundbüro (Potsdamer Str. 180–182, 10783, Schöneberg): Tel. 194 49.

STADTFÜHRUNGEN

Busrundfahrten
Am Alexanderplatz (Alexanderstraße), Breitscheidplatz (zwischen Meinecke- und Rankestraße) und Unter den Linden/Ecke Friedrichstraße beginnen die meisten Bustouren. Mit dem City-Circle-Sightseeing kann an 14 Stationen auf Wunsch der Bus verlassen werden. Die Busse dafür verkehren alle 15 Minuten.

Per Schiff
Es gibt eine große Auswahl an Schiffstouren, von Routen in der Innenstadt bis zu ganztägigen Ausflügen ins Umland. Die wichtigsten Anlegestellen (mit Fahrplan) in der Innenstadt sind: Jannowitzbrücke, Schlossbrücke (Unter den Linden), Berliner Dom, Weidendammer Brücke (Friedrichstraße), Moltkebrücke (am Hauptbahnhof) und Charlottenburger Schlossbrücke (Bonhoefferufer, Charlottenburger Ufer); in den Außenbezirken: Tegel, Greenwichpromenade; Zehlendorf, Wannsee.
Wegen der Fülle der Angebote und Anlegestellen empfiehlt es sich, bei den Reedereien nachzufragen. Die beiden größten sind die Stern- und Kreisschifffahrt (Tel. 536 36 00) und die Reederei Riedel (Tel. 693 46 46).

Rundgänge
Aus der Fülle der Angebote (sie variieren von klassischen Touren zu den Sehenswürdigkeiten bis zu thematischen Rundgängen) hier eine kurze Auswahl von Veranstaltern:
www.berlinkompakt.com (Tel. 746 94 419), www.berlin-erleben-info.de (Tel. 86 31 36 46), www.berlin-entdecken.de (Tel. 31 80 37 05).
Englische Touren bietet www.berlinwalks.de (Tel. 301 91 94).
Auf individuelle Stadtrundgänge zugeschnitten sind: www.jodock.de (Tel. 61 28 05 37) und www.minoy.de (Tel. 75 47 95 17).
Möglich sind auch Stadtrundfahrten per Rad: www.berlinonbike.de (Tel. 43 73 99 99), www.fahrradstation.de (Tel. 28 38 48 48); auf Englisch: www.fattirebiketoursberlin.com (Tel. 24 04 79 91).

NAHVERKEHR

S-Bahn, U-Bahn, Tram und Bus
Berlin hat ein engmaschiges Nahverkehrsnetz, welches das gesamte Stadtgebiet mit Linien der S-Bahn, U-Bahn, Straßenbahn (Tram) und der Busse abdeckt. Dazu kommen noch diverse Regionalbahnen, die zu den Vororten fahren. An den Haltepunkten befinden sich Liniennetzpläne. Ab 1 Uhr gibt es einen Nachtverkehr mit Bussen (ca. jede halbe Stunde). Hackescher Markt und Zoologischer Garten sind die Knotenpunkte des Nachtverkehrs. Von Freitag bis Sonntag verkehren die wichtigsten U- und S-Bahn-Linien auch in der Nacht. Sämtliche Verkehrsmittel können mit ein und demselben Ticket benutzt werden. Das Nahverkehrsnetz ist in drei übersichtliche Tarifgebiete (A: Innenstadt, B: Außenbezirke, C: Umland) eingeteilt. Die Fahrkarten müssen vor Fahrantritt entwertet werden.

Für Touristen gibt es attraktive Zeitkarten, etwa die CityTourCard. Sie gilt 48 oder 72 Stunden im gesamten Stadtgebiet (Zone AB) und bietet zusätzliche Rabatte bei 30 kulturellen und touristischen Angeboten. Die CityTourCard 48 kostet ca. 17 Euro und die CityTourCard 72 ca. 23 Euro. Etwas teurer ist die WelcomeCard (Zone AB plus 200 Angebote): 48 Stunden kosten ca. 18 Euro, 72 Stunden ca. 24 Euro. Darüber hinaus gibt es ein 5-Tage-Ticket für ca. 30 Euro bzw. 31 Euro je nach Zusatzangebot.
Die Buslinien 100 und 200 fahren entlang der touristischen Höhepunkte des Zentrums und eignen sich für einen ersten Überblick.
Informationen zum Berliner Nahverkehr erhält man unter www.bvg.de (BVG-Info-Tel. 194 49) und www.s-bahn-berlin.de (S-Bahn-Kunden-Tel. 29 74 33 33).

Velotaxi
Neben normalen Taxis verkehren in Berlin auch Velotaxis. Die modernen Fahrrad-Rikschas bieten auf vier Routen ihren Service an (Kurfürstendamm, Tiergarten, Potsdamer Platz, Unter den Linden). Individuelle Touren sind bei Aufpreis möglich (Tel. 0800/83 56 82 94, www.velotaxi.de).

Auto

Die gesamte Berliner Innenstadt ist für Fahrzeuge mit hohem Schadstoffausstoß gesperrt. In diese Umweltzone dürfen nur Fahrzeuge fahren, die mit einer grünen Plakette als emissionsarm gekennzeichnet sind. Mofas und Motorräder sowie Fahrzeuge für Behinderte betrifft diese Regelung nicht. Ausländische Fahrzeuge benötigen ebenfalls eine Plakette, wenn sie in die Umweltzone fahren möchten. Diese ausgeschilderte Zone umfasst die Berliner Innenstadt innerhalb des S-Bahnringes (ohne Stadtautobahn).
Anbieter von Mietwagen listet die Internetseite www.berlin.de auf.

Fahrräder

Neben privaten Anbietern für Leihräder (etwa: Fahrradstation, Dorotheenstraße 30, Tel. 28 38 48 40, www.fahrradstation.com) gibt es in Berlin „Call a Bike", den Service der Deutschen Bahn. Nähere Informationen unter www.callabike-interaktiv.de. Anmeldung auch unter Tel. 070 00/522 55 22 möglich. „Call a Bike"-Fahrräder sind an den wichtigsten Orten der Stadt zu finden.

KULTUR

Theater

Berlin ist berühmt für seine vielseitige Theaterlandschaft, die Traditionelles und Experimentelles vereint. Zu den wichtigsten Schauspielhäusern (neben zahlreichen Kleinkunstbühnen) gehört das *Berliner Ensemble* (Bertolt-Brecht-Platz 1, 10117, Mitte, www.berliner-ensemble.de) unter der Leitung von Claus Peymann. Das *Deutsche Theater* (Schumannstr. 13a, 10117, Mitte, www.deutschestheater.de) ist die traditionsreichste Adresse. Das kleine *Maxim Gorki Theater* (Am Festungsgraben 2, 10117, Mitte, www.gorki.de) gehört zu den Publikumslieblingen. Neue Wege beschreitet gerne

die *Schaubühne* (Kurfürstendamm 153, 10709, Wilmersdorf, www.schaubuehne.de). Für Überraschungen gut ist die *Volksbühne* (Rosa-Luxemburg-Platz 2, 10178, Mitte, www.volksbuehne-berlin.de). Erste Adresse für unkonventionelle Aufführungen ist die Bühne *Hebbel am Ufer*, genannt HAU (Stresemannstraße 29, 10963, Kreuzberg, www.hebbel-am-ufer.de).
Boulevardtheater bieten das *Theater am Kurfürstendamm* (Kurfürstendamm 209, 10719, Charlottenburg, www.theater-am-kurfuerstendamm.de) und das *Renaissance-Theater* (Knesebeckstraße 100, 10623, Charlottenburg, www.renaissance-theater.de).
Legendäres Jugend- und Kindertheater ist das *Grips Theater* (Altonaer Straße 22, 10557, Mitte, www.grips-theater.de).

Kabaretts, Varietés, Musicals

Die großen kommerziellen Häuser sind: *Theater am Potsdamer Platz* (Marlene-Dietrich-Platz 1, 10785, Mitte, www.stage-entertainment.de), *Theater des Westens* (Kantstraße 12, 10623, Charlottenburg, www.stage-entertainment.de) und *Friedrichstadtpalast* (Friedrichstraße 107, 10117, Mitte, www.friedrichstadtpalast.de).
Politisches Kabaretts bieten die *Distel* (Friedrichstraße 101, 10117, Mitte, www.distel-berlin.de), die *Stachelschweine* (Europacenter, Tauentzienstraße, 10789, Charlottenburg, www.diestachelschweine.de) und die *Wühlmäuse* am Theodor-Heuss-Platz (Pommernallee 2, 14052, Charlottenburg, www.wuehlmaeuse.de).
Erstklassige und beliebte Kleinkunstbühnen sind: *Admiralspalast* (Friedrichstraße 101, 10178, Mitte, www.admiralspalast.de), *Bar jeder Vernunft* (Schaperstraße 24, 10719, Wilmersdorf, www.bar-jeder-vernunft.de), *BKA-Theater* (Mehringdamm 34, 10961, Kreuzberg, www.bka-theater.de), *Chamäleon-Varieté* (Hackesche Höfe, Rosenthaler Str. 40/41, 10178, Mitte, www.chamaeleonberlin.de), *Quatsch Comedy Club* (Friedrichstraße 107, 10117, Mitte, www.quatschcomedyclub.de) und *Tipi am Kanzleramt* (Große Querallee, 10557, Tiergarten, www.tipi-am-kanzleramt.de).

Klassische Musik, Oper, Tanz

Zu den renommiertesten Konzerthäusern der Welt zählt die *Philharmonie mit Kammermusiksaal* (Herbert-von-Karajan-Straße 1, 10785, Mitte, www.berliner-philharmoniker.de). Einen gediegenen Rahmen bietet das *Konzerthaus Berlin* (Gendarmenmarkt 2, 10117, Mitte, www.konzerthaus.de).
Die *Deutsche Oper* (Bismarckstraße 35, 10585, Charlottenburg, www. deutscheoperberlin.de) ist größtes Bühnenhaus, älteste Spielstätte die *Staatsoper* (Unter den Linden 7, 10117, Mitte, wg. Sanierung bis 2014 im Schillertheater, Bismarckstraße 100, 10585, Charlotten-

burg, www.staatsoper-berlin.de). Leichtere Kost wird in der *Komischen Oper* (Behrenstraße 55–57, 10117, Mitte, www.komische-oper-berlin.de) und der *Neuköllner Oper* (Karl-Marx-Straße 131–133, 12043, Neukölln, www.neukoellneroper.de) aufgeführt.
Ein Garant für erstklassiges zeitgenössisches Tanztheater in Berlin ist die *Kompanie Sasha Waltz* (www.sashawaltz.de).

Veranstaltungsorte
Wechselnde Ausstellungen, kulturelle Veranstaltungen und Symposien finden statt in der *Akademie der Künste* (Pariser Platz 4, 10117, Mitte, www.adk.de), im *Haus der Berliner Festspiele* (Schaperstraße 24, 10719, Wilmersdorf, www.berlinerfestspiele.de), im *Haus der Kulturen der Welt* (John-Foster-Dulles-Allee 10, 10557, Mitte, www.hkw.de), im *Radialsystem V* (Holzmarktstraße 33, 10243, Friedrichshain, www.radialsystem.de) und in der *Urania* (An der Urania, 10787, Schöneberg, www.urania-berlin.de).
Die Paläste der Popkultur und -konzerte sind *Arena Berlin* (Eichenstraße 4, 12435, Treptow, www.arena-berlin.de), *Columbiahalle* (Columbiadamm 13–21, 10965, Tempelhof, www.columbiahalle.de), *Estrel Berlin* (Sonnenallee 225, 12057, Neukölln, www.estrel.com), *Internationales Congress Centrum ICC* (Messedamm 11, 14055, Charlottenburg, www.icc-berlin.de), *Tempodrom* (Möckernstraße 10, 10963, Kreuzberg, www.tempodrom.de), *Velodrom* (Paul-Heyse-Straße 26, 10407, Pankow, www.velodrom.de) und *Arena am Ostbahnhof* (O_2-World-Halle, Mildred-Harnack-Straße, 10243, Friedrichshain, www.o2world-berlin.de).
Open-Air-Konzerte von Oper bis Pop finden in der *Waldbühne* (Am Glockenturm, 14053, Charlottenburg, www.waldbuehne-berlin.de) und der *Zitadelle* (Am Juliusturm 64, 13599, Spandau, www.zitadelle-spandau.de) statt.
Berlins wichtigste Sportstätten sind die *Arena am Ostbahnhof*, die *Max-Schmeling-Halle* (Am Falkplatz/

Gaudystraße, 10437, Pankow), das *Velodrom* und das *Olympiastadion* (Olympischer Platz, 14053, Charlottenburg).

Kinos
Neben den großen kommerziellen Kinos zum Beispiel am Alexanderplatz und am Potsdamer Platz bieten eine Reihe von traditionsreichen Leinwänden ein spezielles Filmprogramm: Kinos aus den Pioniertagen des Zelluloids sind *Babylon* (Rosa-Luxemburg-Platz 30, Mitte, www.yorck.de) und *Delphi* (Kantstraße 12a, Charlottenburg, www.yorck.de). Das *Kino in den Hackeschen Höfen* beweist ebenfalls Mut zum Unkonventionellem (Rosenthaler Straße 40/41, 10178, Mitte, www.hoefekino.de).
Elegantes Ambiente im schönsten Kinosaal Berlins bietet das *Astor* (Kurfürstendamm 225, 10719, Charlottenburg, www.astor-filmlounge.de), den festlichen Rahmen der DDR erlebt man im *International* (Karl-Marx-Allee 33, 10178, Mitte, www.yorck.de).

Museen
Aktuelles zu den wichtigsten Museen und Ausstellungen erfährt man unter www.smb.museum.
Die drei zentralen Standorte der Museen sind die Museumsinsel (10178, Mitte), das Kulturforum (10785, Mitte) und das Museumszentrum Dahlem (Lansstraße 8, 14195, Zehlendorf). Telefonische Informationen und Buchungen Mo–Fr 9–16 Uhr unter 266 42 42 42 (service@smb.museum), am Wochenende unter 266 42 30 40, 830 14 38 oder 20 90 55 77. Auf der *Museumsinsel* befinden sich das Alte Museum (tgl. 10–18 Uhr, Do bis 22 Uhr) die Alte Nationalgalerie (Di–So 10–18 Uhr, Do bis 22 Uhr), das Bodemuseum (tgl. 10–18 Uhr, Do bis 22 Uhr), das Neue Museum (So–Mi 10–18 Uhr, Do–Sa 10–20 Uhr) und das Pergamonmuseum (tgl. 10–18 Uhr, Do bis 21 Uhr). Im *Kulturforum* befinden sich die Gemäldegalerie (Di–So 10–18 Uhr, Do bis 22 Uhr), das Kunstgewerbemuseum, das Kupferstichkabinett (Di–Fr 10–18 Uhr, Sa/So 11–18 Uhr), das Musikinstrumenten-Museum (Di–Fr 9–17 Uhr, Do bis 22 Uhr, Sa/So 10–17 Uhr) und die Neue Nationalgalerie (Di–Fr 10–18 Uhr, Do bis 22 Uhr, Sa/So 11–18 Uhr). Im *Museumszentrum Dahlem* liegen die Museen für Kunst und Kulturen der Welt mit Ethnologischem Museum, Museum Europäischer Kulturen und Museum für Asiatische Kunst (Di–Fr 10–18 Uhr, Sa/So 11–18 Uhr).
Aus der Vielzahl Berliner Museen sind ferner zu empfehlen (in alphabetischer Reihenfolge):
Das *Bauhaus-Archiv* (Klingelhöferstraße 14, 10785, Mitte, Mi–Mo 10–17 Uhr, www.bauhaus.de), die *Berlinische Galerie* mit Kunst der Stadt von 1870 bis heute

(Alte Jakobstraße 124–128, 10969, Kreuzberg, Mi–Mo 10–18 Uhr, www.berlinischegalerie.de), das *Bröhan-Museum* mit Design aus der Zeit vor dem Bauhaus (Schloßstraße 1a, 14059, Charlottenburg, Di–So 10–18 Uhr), das *Brücke-Museum* für Expressionistische Kunst (Bussardsteig 9, 14195, Zehlendorf, tgl. 11–17 Uhr, www.bruecke-museum.de).
Das *Currywurst-Museum* widmet sich dem kulinarischen Klassiker aus Berlin (Schützenstraße 70, 10117, Mitte, tgl. 10–22 Uhr, www.currywurstmuseum.de).
Im *DDR-Museum* geht es um den Alltag im sozialistischen Staat (Karl-Liebknecht-Straße 1, 10178, Mitte, Mo–So 10–20 Uhr, Sa 10–22 Uhr, www.ddr-museum.de), im *Deutschen Dom* um den Werdegang des deutschen Parlamentarismus (Gendarmenmarkt 1, 10117, Mitte, Di–So 10–18 Uhr, Mai–Sep. bis 19 Uhr), im *Deutschen Historischen Museum* um die gesamte Geschichte des Landes (Unter den Linden 2, 10117, Mitte, tgl. 10–18 Uhr). Das *Deutsche Technikmuseum* zeigt eine riesige Auswahl an technischen Exponaten (Trebbiner Straße 9, 10963, Kreuzberg, Di–Fr 9–17.30 Uhr, Sa/So 10–18 Uhr, www.technikmuseum-berlin.de), das angeschlossene *Spectrum* präsentiert wissenschaftlich-technische Experimente (Möckernstraße 26, 10963, Kreuzberg, Öffnungszeiten wie Technikmuseum).
Im *Erotik-Museum* geht es um Sinnlichkeit (Joachimstaler Straße 4, 10623, Charlottenburg, Mo–Sa 9–24 Uhr, So 11–24 Uhr, www.erotikmuseum.de).
Die *Friedrichswerdersche Kirche* ist klassizistischer Architektur und Bildhauerei gewidmet (Werderscher Markt, 10117, Mitte, tgl. 10–18 Uhr).
Der Hamburger Bahnhof – Museum für Gegenwart zeigt Pop-Art und bedeutende Ausstellungen zeitgenössischer Künstler (Invalidenstraße 50/51, 10557, Mitte, Di–Fr 10–18 Uhr, Sa 11–20 Uhr, So 11–18 Uhr).
Im *Heinrich-Zille-Museum* sind Zeichnungen des Berliner Karikaturisten zu sehen (Propststraße 11, 10178, Mitte, tgl. 11–18 Uhr, Apr.–Okt. 11–19 Uhr, www.heinrich-zille-museum.de). Im *Hugenottenmuseum* wird an die französischen Einwanderer erinnert (Gendarmenmarkt 5, 10117, Mitte, Di–Sa 12–17 Uhr, So 11–17 Uhr).
Das *Jüdische Museum Berlin* erzählt 2000 Jahre Geschichte jüdischer Kultur in Deutschland (Lindenstraße 9–14, 10969, Kreuzberg, tgl. 10–20 Uhr, Mo 10–22 Uhr).
Das *Käthe-Kollwitz-Museum* zeigt Werke der namengebenden Künstlerin (Fasanenstraße 24, 10719, Charlottenburg, tgl. 11–18 Uhr). Kostbare Stücke der Königlichen Porzellan Manufaktur findet man in der *KPM Welt* (Wegelystraße 1, 10623, Charlottenburg, Mo–Sa 10–18 Uhr, www.kpm-berlin.de). Das *Kunstgewerbemuseum* im Schloss Köpenick zeigt Schätze der Hohenzollern von Barock bis Rokoko (Schlossinsel 1, 12555, Köpenick, Di–So 10–18 Uhr).
In der *Liebermann-Villa* sind Werke des Berliner Sezessions-Künstlers Max Liebermann ausgestellt (Colomierstraße 3, 14109, Zehlendorf, Mi–Mo 11–17 Uhr, Apr.–Sept. 10–18 Uhr, Do bis 20 Uhr, www.liebermann-villa.de).
Das *Märkische Museum* ist eine Art Heimatmuseum Berlins (Am Köllnischen Park 5, 10179, Mitte, Di–So 10–18 Uhr, www.stadtmuseum.de). Im *Museum für Film und Fernsehen* begegnet man den Leinwandhelden vergangener Tage (Potsdamer Straße 2, 10785, Mitte, Di–So 10–18 Uhr, Do bis 20 Uhr). Das *Museum für Fotografie* besitzt den Nachlass des Fotografen Helmut Newton (Jebensstraße 2, 10623, Charlottenburg, Di–So 10–18 Uhr, Do bis 22 Uhr, www.smb.museum).
Im *Museum für Kommunikation* geht es u. a. um die alte Post (Leipziger Straße 16, 10117, Mitte, Mi–Fr 9–17 Uhr, Di bis 20 Uhr, Sa/So 10–18 Uhr, www.mfk-berlin.de). Das *Museum für Naturkunde* zeigt Dinosaurier, Kristalle und Meteoriten (Invalidenstraße 43, 10115, Mitte, Di–Fr 9.30–18 Uhr, Sa/So 10–18 Uhr).
In der *Nikolaikirche* ist sakrale Kunst des Mittelalters zu sehen (Nikolaikirchplatz, 10178, Mitte, tgl. 10–18 Uhr).
In der *Nolde-Stiftung* sind Werke des Malers Emil Nolde ausgestellt (Jägerstraße 55, 10117, Mitte, tgl. 10–19 Uhr, www.nolde-stiftung.de).
Die *Sammlung Berggruen* bietet einen Überblick über das Werk Picassos und seine Zeit (Schloßstraße 1, 14059, Charlottenburg, Di–So 10–18 Uhr). Die *Sammlung Scharf-Gerstenberg* legt den Schwerpunkt auf Surrealismus (Schloßstraße 70, 14059, Charlottenburg, Di–So 10–18 Uhr).
Das *Schloss Charlottenburg* zeigt höfischen Lebensstil vom Barock bis zum Klassizismus (Spandauer Damm 10–22, 14059, Charlottenburg, Altes Schloss: Di–So 10–18 Uhr, Nov.–März bis 17 Uhr; Neuer Flügel: Mi–Mo 10–18 Uhr, Nov.–März bis 17 Uhr).
The Kennedys erinnert an den politischen Clan der USA (Pariser Platz 4a, 10117, Mitte, tgl. 10–18 Uhr, www.thekennedys.de).

Gedenken an Krieg, Verfolgung und die Teilung Deutschlands

An die Verbrechen der NS-Diktatur und der DDR erinnern zahlreiche Gedenkorte an den originalen Schauplätzen.

Den Terror der NS-Herrschaft dokumentieren das *Haus der Wannseekonferenz* (Am Großen Wannsee 56–58, 14109, Zehlendorf, tgl. 10–18 Uhr, www.ghwk.de), die Ausstellung *Topographie des Terrors* (Niederkirchnerstraße 8, 10963, Kreuzberg, tgl. 10–20 Uhr) und die *Gedenkstätte Plötzensee* (Hüttigpfad, 13627, Charlottenburg, März–Okt. tgl. 9–17 Uhr, Nov.–Feb. 9–16 Uhr, www.gedenkstaette-ploetzensee.de). Die *Gedenkstätte Deutscher Widerstand* erinnert an das gescheiterte Attentat auf Hitler 1944 (Stauffenbergstraße 13/14, 10785, Mitte, Mo–Fr 9–18 Uhr, Do bis 20 Uhr, Sa/So 10–18 Uhr, www.gdw-berlin.de). Den Krieg gegen Russland hat das *Deutsch-Russische Museum* in Berlin-Karlshorst zum Thema (Zwieseler Straße 4, 10318, Lichtenberg, Di–So 10–18 Uhr, www.museum-karlshorst.de).

Über Unrecht und Überwachung in der DDR informieren die *Ausstellung „Stasi"* (Zimmerstraße 90/91, 10117, Mitte, Mo–Sa 10–18 Uhr, www.bstu.bund.de), das *Stasi-Museum* (ehemaligen Zentrale der Staatssicherheit, Ruschestraße 103, Haus 1, 10365, Lichtenberg, Mo–Fr 11–18 Uhr, Sa/So 14–18 Uhr, www.stasimuseum.de) und die *Gedenkstätte Berlin-Hohenschönhausen* (ehemaliges Untersuchungsgefängnis der DDR-Staatssicherheit, Genslerstraße 66, 13055, Lichtenberg, Besichtigungen in Rahmen einer Führung Mo–Fr 11–15, Sa/So 10–16 Uhr, www.stiftung-hsh.de).

Den westlichen Alliierten widmet sich das *Alliierten-Museum* (Clayallee 135, 14195, Zehlendorf, Do–Di 10–18 Uhr, www.alliiertenmuseum.de).

Über die Teilung Berlins und Deutschlands informieren die *Gedenkstätte Berliner Mauer mit Dokumentationszentrum* (Bernauer Straße 111 und 119, 13355, Mitte, Di–So 9.30–18 Uhr, Apr.–Okt. bis 19 Uhr), das *Haus am Checkpoint Charlie* (Friedrichstraße 43–45, 10969, Kreuzberg, tgl. 9–22 Uhr), der ehemalige Grenzübergang *Tränenpalast* (Reichstagufer 17, 10117, Mitte, Di–Fr 9–19 Uhr, Sa/So 10–18 Uhr) und die *Erinnerungsstätte Notaufnahmelager Marienfelde* (Marienfelder Allee 66–80, 12277, Tempelhof, Di–So 10–18 Uhr, www.notaufnahmelager-berlin.de).

Zentrales Mahnmal zur Shoa ist das *Denkmal für die ermordeten Juden Europas*, auch Holocaust-Mahnmal genannt (Cora-Berliner-Straße 1, 10117, Mitte, Di–So 10–20 Uhr, Okt.–März bis 19 Uhr).

Die *Neue Wache* (Unter den Linden 4, 10117, Mitte) erinnert als nationale Gedenkstätte Deutschlands an die Opfer von Krieg und Gewaltherrschaft.

NATUR

Deutschlands größter und artenreichster Tierpark ist der Zoologische Garten (Budapester Straße 32 und Hardenbergplatz 8, 10787, Mitte, tgl. 9–19 Uhr, Okt.–März 9–17 Uhr, www.zoo-berlin.de), an den das ebenso beeindruckende Aquarium angeschlossen ist (Budapester Straße 32, 10787, Mitte, tgl. 9–18 Uhr, www.aquarium-berlin.de). In einem ehemaligen Schlossgarten eingebettet ist der weitläufige Tierpark Friedrichsfelde (Am Tierpark 125, 10319, Lichtenberg, tgl. 9–19 Uhr, im Winter bis Einbruch der Dunkelheit, www.tierpark-berlin.de).

Für Liebhaber weltweiter Flora ist der Botanische Garten ein Muss. Beeindruckend ist das mehr als 100 Jahre alte Große Tropenhaus (Königin-Luise-Platz, 14195, Steglitz, tgl. 9 Uhr bis Einbruch der Dunkelheit, www.botanischer-garten-berlin.de).

DAS POLITISCHE BERLIN

Der Besuch des Reichstagsgebäudes und der Reichstagskuppel ist nur mit vorheriger Anmeldung beim Besucherdienst des Deutschen Bundestages möglich (Achtung, lange Wartelisten): entweder per Post (Platz der Republik 1, 11011, Tiergarten), per Fax 22 73 00 27 oder über Internet www.bundestag.de. Genauere Auskünfte unter Tel. 22 73 21 52.

Das Bundeskanzleramt kann im Rahmen der „Tage der offenen Tür" der Bundesregierung (zwei Tage im August) besucht werden (Willy-Brandt-Straße 1, 10557, Mitte, www.bundeskanzlerin.de).

Informationen erteilt das Bundespresseamt mit Anlaufstelle für die Bürger in der Dorotheenstraße 84, 11044, Mitte (Tel. 18 27 20).

Register der Sehenswürdigkeiten

Adlon s. Hotel Adlon
Admiralspalast 22
Akademie der Künste 74
Akademie des Jüdischen Museums 42
Alexa 8
Alexanderhaus 8
Alexanderplatz 8f., 20, 46, 68
Alte Nationalgalerie 62
Altes Museum 60
Arena am Ostbahnhof 18
Auguststraße 36
Auswärtiges Amt 24

Bauhaus-Archiv 106
Beisheim Center 82
Bergmannstraße 102
Berliner Dom 10f., 60, 108
Berliner Ensemble 22
Berliner Rathaus 58
Bernauer Straße s. Gedenkstätte Berliner Mauer
Berolinahaus 8
Bikini-Haus 28
Bode-Museum 62
Botschaften:
– Frankreich 74
– Russland 110
– Schweiz 88
– USA 74
Boulevard der Stars 82
Brandenburger Tor 7, 12f., 40, 74, 90, 100, 104, 108
Brandenburger Tor (Potsdam) 80
Brecht-Haus 16
Breitscheidplatz 28
Bröhan-Museum 96
Brunnen der Völkerfreundschaft 8
Bundeskanzleramt 5, 86, 88
Bundespräsidialamt 92
Bundesrat 84
Bundestag 86, 88, 90

Café Kranzler 54
Centrum Judaicum 66
Checkpoint Charlie 7, 14f., 22
Chinesisches Teehaus 78

Denkmal für die ermordeten Juden Europas s. Holocaust-Mahnmal
Detlev-Rohwedder-Haus 112
Deutscher Dom 32
Deutsches Historisches Museum 110
Dokumentationszentrum Berliner Mauer 30
Dorotheenstädtischer Friedhof 16f.
DZ-Bank 74

East-Side-Gallery 18f.
Ephraim-Palais 68
Erholungspark Marzahn s. Gärten der Welt
Ethnologisches Museum 64
Eugen-Gutmann-Haus 74
Europacenter 28

Fasanenstraße 54
Fernsehturm 8, 20f., 58, 100
Filmmuseum s. Museum für Film und Fernsehen
Flughafen Tempelhof 102
Forum Fridericianum 108
Frankfurter Tor 46
Französischer Dom 32
Friedrichstadtpalast 22
Friedrichstraße 5, 14, 22f.
Friedrichswerder 24f.
Friedrichswerdersche Kirche 24

Galeria Kaufhof 8
Galeries Lafayette 22
Gärten der Welt 26f.
Gasthof „Zum Nussbaum" 68
Gedächtniskirche 28f., 48, 54, 116
Gedenkstätte Berliner Mauer 30f.
Gemäldegalerie 50, 52
Gendarmenmarkt 24, 32f.
Großer Stern 100, 104

Hackesche Höfe 34
Hackescher Markt 7, 34ff.
Hamburger Bahnhof 38
Hauptbahnhof 38f.
Haus der Kulturen der Welt 104
Haus Liebermann (Pariser Platz) 74
Haus Sommer 74
Hausvogteiplatz 24
Heckmann-Höfe 66
Hedwigskathedrale s. St.-Hedwigs-Kathedrale
Holländisches Viertel 80
Holocaust-Mahnmal 40f.
Hotel Adlon 74
Hugenottenmuseum 32
Humboldt-Universität 108

Jakob-Kaiser-Haus 88
Jüdischer Friedhof Große Hamburger Straße 66
Jüdisches Gemeindezentrum 56
Jüdisches Museum 5, 42f.
Jungfernbrücke 24

KaDeWe 44f.
Kaiser-Wilhelm-Gedächtniskirche s. Gedächtniskirche
Kammermusiksaal 50, 52
Kapelle der Versöhnung 30
Karl-Marx-Allee 46f.
Käthe-Kollwitz-Museum 56
Kaufhaus des Westens s. KaDeWe
Kino International 46
Kino Kosmos 46
Klosterkirche (Ruine) 68
Knoblauchhaus 68
Kollwitzplatz 48f.
Königliche Bibliothek 108
Konzerthaus s. Schauspielhaus
Kranzler s. Café Kranzler
Kronprinzenpalais 110
Kudamm s. Kurfürstendamm
Kulturbrauerei 7, 48
Kulturforum 5, 50ff., 64
Kunstgewerbemuseum 52
Kunstgewerbemuseum (Köpenick) 98
Kurfürstendamm 28, 44, 54ff.

Leipziger Platz 84
Literaturhaus 56
Litfaß-Platz 36
Lustgarten 10, 60

Marheinekeplatz 102
Marie-Elisabeth-Lüders-Haus 86
Marienkirche 58f.
Marlene-Dietrich-Sammlung 82
Marmorpalais 78
Martin-Gropius-Bau 112
Mausoleum (Charlottenburg) 96
Media-Spree 70
Museum Berggruen 96
Museum Europäischer Kulturen 64
Museum für Asiatische Kunst 64
Museum für Film und Fernsehen 82
Museum für Gegenwart s. Hamburger Bahnhof
Museum für Indische Kunst s. Museum für Asiatische Kunst
Museum für Naturkunde 38
Museumsinsel 5, 10, 24, 60ff., 64
Museumszentrum Dahlem 64f.
Musikinstrumenten-Museum 50

Naturkundemuseum s. Museum für Naturkunde
Neptunbrunnen 58
Neue Nationalgalerie 50, 52
Neue Orangerie 78
Neue Synagoge 66f.
Neue Wache 110
Neuer Garten 78
Neues Kranzler-Eck 54
Neues Museum 60
Neues Palais 78
Nikolaikirche (Berlin) 68
Nikolaikirche (Potsdam) 80
Nikolaiviertel 68f.

Oberbaumbrücke 18, 70f.
Olympiastadion 72f.
O_2-World s. Arena am Ostbahnhof

Palais Podewils 68
Pariser Platz 12, 74f.
Parochialkirche 68
Paul-Löbe-Haus 86
Pergamonmuseum 62
Pfaueninsel 7, 76f.
Pfefferberg 48
Philharmonie 50
Postfuhramt 66
Potsdam 7, 78ff.
Potsdamer Platz 7, 50, 82ff.
Pratergarten 48

Quadriga 12
Quartier 205 22
Quartier 206 22

Rathaus Köpenick 98
Regierungsviertel 5, 86ff., 90, 112
Reichstag s. Reichstagsgebäude
Reichstagsgebäude 86, 90f.
Reiterstandbild des Großen Kurfürsten 96
Reiterstandbild Friedrichs des Großen 108
Rotes Rathaus s. Berliner Rathaus

Sammlung Scharf-Gerstenberg 96
Sanssouci s. Schloss und Park Sanssouci
Schauspielhaus 32
Schinkelplatz 24
Schloss Bellevue 92f., 100
Schloss Cecilienhof 78
Schloss Charlottenburg 94ff.
Schloss Glienicke 76
Schloss Köpenick 98f.
Schloss und Park Sanssouci 7, 78
Schlossbrücke 108, 110
Schloßplatz 20
Sehitlik-Moschee 102
Senefelderplatz 48
Siegessäule 100f., 104
Sony Center 82
Sophie-Gips-Höfe 34
Sophienkirche 34
Sophienstraße 34
St.-Hedwigs-Kathedrale 108
St.-Matthäus-Kirche 52
Staatsbibliothek (Alte) 110
Staatsbibliothek (Neue) 50, 52
Staatsoper 108
Stadtschloss (Berlin) 10
Stadtschloss (Potsdam) 80
Strausberger Platz 46

Tauentzienstraße 44
Tempelhofer Flugfeld 102f.
Theater des Westens 54
Tiergarten 7, 12, 86, 92, 100, 104ff.
Topographie des Terrors 112
Townhouses 24
Tränenpalast 22

Unter den Linden 5, 24, 108ff.

Waldbühne 72
Weltkugelbrunnen 28
Weltzeituhr 8
Wilhelmstraße 40, 112f.
Wittenbergplatz 44

Zeughaus 108, 110
Zitadelle Spandau 114f.
Zoologischer Garten 116f.
Zum Nussbaum s. Gasthof „Zum Nussbaum"

Register der Künstler und Architekten

Begas, Reinhold 58
Behnisch, Günther 74
Behrens, Peter 8
Berndt, Kurt 34
Beuys, Joseph 38
Bornemann, Fritz 64
Boumann, Philipp Daniel 92
Braunfels, Stephan 88

Cobb, Henry N. 22

Diener & Diener 88
Drake, Friedrich 100

Ebert, Wils 64
Eiermann, Egon 28
Eisenman, Peter 40
Endell, August 34
Eosander von Göthe, Johann Friedrich 94

Flavin, Dan 38
Foster, Sir Norman 90
Frank, Charlotte 86
Friedrich, Caspar David 62

Gehry, Frank O. 74
Gontard, Carl von 32
Gropius, Martin 112
Gropius, Walter 106
Gruber, Martin 92
Gutbrod, Rolf 52

Henselmann, Hermann 20, 46
Hentrich, Helmut 28

Ihne, Ernst von 62, 110

Jahn, Helmut 82

Kiefer, Anselm 38
Kleihues, Josef Paul 8, 74
Kleine-Kraneburg, Helmut 92
Knobelsdorff, Georg Wenzeslaus von 78, 96, 108
Knoblauch, Eduard 66
Kollwitz, Käthe 48, 56, 110

Langervelt, Rutger van 98
Langhans d. J., Carl Ferdinand 108
Langhans, Carl Gotthard 12, 58, 96
Lenné, Peter Joseph 76, 104, 116
Libeskind, Daniel 42
Loire, Gabriel 28
Lüpertz, Markus 54
Lynar, Rochus Graf zu 114

March, Werner 72
Messel, Alfred 62
Mies van der Rohe, Ludwig 52
Moore, Ruble, Yudell 74

Nering, Johann Arnold 94, 98
Nouvel, Jean 22

Petschnigg, Hubert 28
Portzamparc, Christian de 74

Raschdorff, Julius 10
Rauch, Christian Daniel 16, 24, 108

Sagebiel, Ernst 102, 112
Schadow, Johann Gottfried 12, 24
Scharoun, Hans 50
Schinkel, Karl Friedrich 10, 12, 16, 24, 32, 60, 62, 76, 80, 110, 114
Schlüter, Andreas 58, 96, 108
Schultes, Axel 86
Schwechten, Franz 28, 48
Strack, Johann Heinrich 62, 100
Streitparth, Jörg 20
Stubbins, Hugh 106
Stüler, Friedrich August 16, 52, 60, 62, 66

Ungers, Oswald Mathias 22

von Gerkan, Marg & Partner 38, 72

Waesemann, Hermann Friedrich 58
Wallot, Paul 90
Warhol, Andy 38
Werner, Anton von 100
Wisniewski, Edgar 50

Berlin Liniennetz *Routemap*

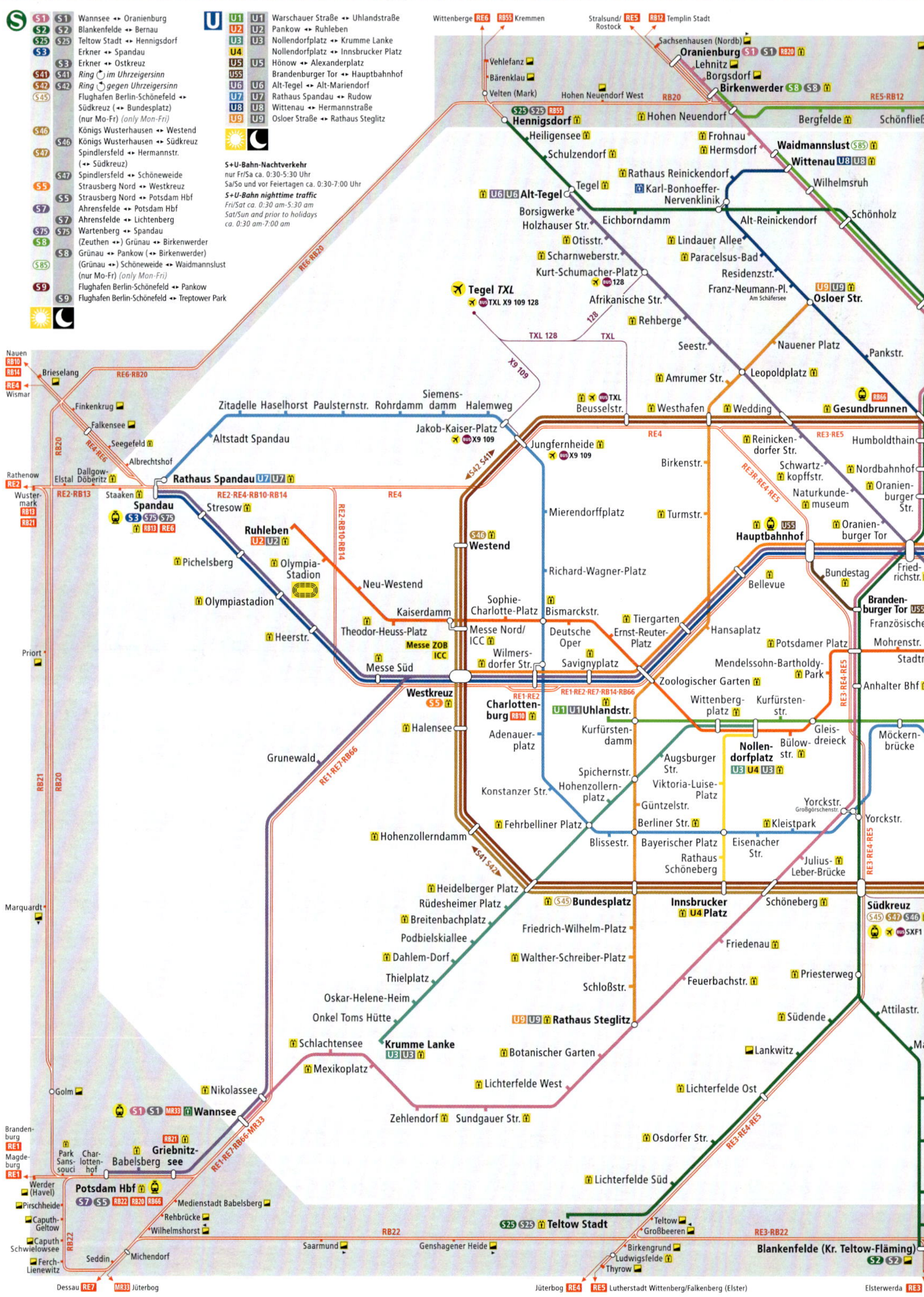